★★★ 全国职业教育会计专业核心课系列教材

主　审　张文光　夏祥霖　任延东

编　著　高　卉

兰州大学出版社

KUAIJI RUMEN

# 会计入门

zhiyejiaoyu jiaocai

**图书在版编目(CIP)数据**

会计入门/高卉编著. —兰州:兰州大学出版社,
2013.8

ISBN 978-7-311-04225-7

Ⅰ.①会… Ⅱ.①高… Ⅲ.①会计学—中等专业学校
—教材 Ⅳ.①F230

中国版本图书馆 CIP 数据核字(2013)第 182689 号

责任编辑　王曦莹
封面设计　张友乾

---

书　　名　会计入门
作　　者　高　卉　编著
出版发行　兰州大学出版社　(地址:兰州市天水南路 222 号　730000)
电　　话　0931-8912613(总编办公室)　0931-8617156(营销中心)
　　　　　0931-8914298(读者服务部)
网　　址　http://www.onbook.com.cn
电子信箱　press@lzu.edu.cn
印　　刷　兰州万易印务有限责任公司
开　　本　787 mm×1092 mm　1/16
印　　张　8.75
字　　数　170 千
版　　次　2013 年 8 月第 1 版
印　　次　2013 年 8 月第 1 次印刷
书　　号　ISBN 978-7-311-04225-7
定　　价　25.00 元

---

# 序

随着我国教育改革的不断深化,尤其是社会与经济高速发展的今天,由于新经济环境下对人才需求层次多样化的客观要求,使得我国的职业教育得到了迅速的发展。职业教育经历了由专业教育向职业教育的转化,其办学模式、培养目标、人才模式等也都发生了相应变化,而人才培养模式的转换必须通过教学内容和教学方式等途径来实现。因此,作为教学内容载体的教材建设,其定位的基础必须是职业教育培养目标。

职业教育培养目标是使受教育者成为具备某一职业和工作岗位所需要的职业基础知识和技术能力,以及德、智、体全面发展的中初级应用型、技术型人才。对照这一培养目标,立足"以就业为目标,以市场为导向,以服务为宗旨"的出发点,考虑到目前职业教育对象的素质特征,我们目前所使用的教材,大多数仍是按照过去中职或高职培养专业人才的结构和体系,过于追求学科体系的系统性和完整性,职业教育特点不突出,滞后于时代的发展、市场的需求。

基于对上述客观要求的理性思考,职业学校的教学应更加符合市场对人才的要求,以"实用、适用、够用、可教"为原则,根据就业岗位的工作思路,从通识、原理、职能到方法,使学生易于理解、掌握和实践,即"能力目标—技能训练—学生主体",培养出有能力、有技术、有责任的学生,实现专业教学与学生就业岗位零距离的目标。

一套有强大生命力的教材,应该以满足读者的需要为宗旨,不断适应环境的变化。本系列教材、实训教程及习题,是在吸收财会理论界近年来所取得的一些理论成果的基础上,借鉴了同类教材的先进经验,组织了长期在教学一线工作并有着丰富教学经验的教师编写而成,是职业教育课程教学改革的重要成果。本系列教材汇集了几代学人的智慧结晶,教材中所列的教学案例,阐述的观点方法,既是教研成果,又是实践积累,并经过实践证实具有明显的教学效果。

教材编写是一项复杂而又细致的工作,我们仍需要不断探索、不断总结、不断完善。由于时间急促、水平有限，教材中难免存在疏漏甚至错误，尚祈赐教，同时对各位作者和出版社的辛勤劳动深表谢意。

成果的展示，是“智慧之晶”的丰收，更是开启“思想之光”的新开端，未有穷尽，我们将不断努力，勇于拼搏，为职业教育的发展做出贡献！

2013年7月

**序文作者张文光为中国注册会计师、高级审计师、包头财经信息职业学校校长。**

# 前言

随着我国经济的高速发展，职业学校会计教育的结构及内容发生了深刻的变化，其办学模式、培养目标和教育对象也都发生了相应变化。职业教育的主要目标是培养社会需求的、就业时“不需再培训就能直接上岗操作”的会计技能型人才，而传统教材大多偏重理论，职业技能特点不突出，应用性不能与实际很好对接，不符合职业学校学生的认知特点。为此，我们组织具有丰富教学经验的教师，从重“技能性教学”入手，结合新会计准则的精要，同时考虑了职业学校会计教育对口用人单位的需求，编写了这本《会计入门》。

教材突出体现了渗透式教学的要求，重在体现实际操作的理念。目前，职业学校学生层次较低，理解能力、接受能力、动手能力较低，从中学步入职业学校后，直接学习专业课，学生会感到明显的不适。这样就需要教师在教学中给学生一定的接受过程，一下子接触到的各种专业术语，通过反复教学，反复练习，达到规定的教学目标。《会计入门》就是本着这一教学目标而设定的。教材特色表现为：

一、由浅入深，由简到繁，逐渐深化。本教材分上、下两篇，分别对应两个学期的教学。其中会计基础知识入门部分，主要是通过教学，让学生了解和记住一些会计的专业术语，重点掌握借贷记账法的记账原理。本部分所介绍的经济业务不形成体系，只是起到说明借贷记账法的目的；另外，本门课学习结束后，下一教学期对应开设会计基础操作课程，本部分所介绍的经济业务起到支持操作课程需要的目的。

本书第二部分为会计操作知识入门，可与会计实训课配套使用。旨在实现会计理论教学与实践教学无缝衔接，使学生快速入手，结合理论，动手操作，充分体现职业教育教学理念。

二、缩减解说性内容。作为学生应知应会的会计名词、会计原理，只做基本内容的解释，不做深入阐述，体现职业学校学生“知道是什么，不要求知道为什么”的教学特点。

三、扩充细节内容。会计业务的处理说明更加详细具体，更好地满足学生自学的需要。

四、丰富的练习环节。教材中每一讲后面均附有思考题，同时还配备了大量的综合练习题，更好地满足巩固教学内容的需要。

本教材由高卉任主编，由张文光任主审。

本教材体系已在教学实践中经过反复实践，反复修订，已比较完备。教材与教学计划、教学大纲也能较好地匹配，基本满足职业教育会计专业教学的需要。但因编者水平的限制，仍存在着这样与那样的不足，不妥之处请不吝赐教。

**编　者**

2013年9月

# 目录

## 下篇　会计操作知识入门

# 上篇　会计基础知识入门

## 第一讲　会计概述

【学习目标】

通过本讲的学习，要求学生对会计的一些最基本概念有所了解，开始认知一门新的学科。不要求大家记忆这些专用名称的概念，但要将它们联系起来，对会计学科有个初步的了解，培养学习会计课的兴趣爱好。

【知识框架】

主要内容
- 会计的概念 ………………………… 了解
- 会计的基本职能 ……… 重点掌握
  - 会计核算
  - 会计监督
- 会计的对象 ……………………… 重点掌握
- 会计的特点 ………………………… 了解
- 会计核算办法 ……………………… 掌握

### 一、会计的概念

会计是以货币作为主要计量单位，以凭证为主要依据，运用一系列专门方法，对一个单位的经济活动进行完整、连续、系统地核算和监督的经济管理工作。

会计是单位内部的一项经济管理工作，是对本单位的经济活动进行核算和监督，并向有关方面提供会计信息的一项经济管理活动。

会计是社会生产发展到一定阶段的必然产物。它在社会生产实践中产生，并随社会生产实践的发展和对生产进行管理的客观需要不断增长而不断发展。物质资料的生产是人类生存和发展的基础，物质资料的生产活动在创造物质财富的同时，总要发生各种劳动耗费。在任何社会形态中，人们总是追求以尽可能少的劳动耗费，取得尽可能多的劳动成果，实现最大的经济效益。为此，在不断更新生产技术的同时，必须对生产活动进行必要的组织和管理，从而要求对生产过程中的劳动耗费和劳动成果进行计量、记录和计算，以获得有关的数据资料，并依据这些数据资料对生产过程进行指挥、调节和监督，以实现减少劳动耗费，增加劳动成果，提高经济效益的目的。可以说，凡是有经济的地方就必定有会计，经济越发展，会计越重要。

## 二、会计的基本职能

会计的职能是指会计在经济管理中所固有的功能。它是会计本质的具体体现。核算和监督是会计从产生的那一天起就具有的两大基本职能。

### (一)会计的核算职能

会计的核算职能是指会计对经济活动情况的如实反映，也称为会计反映职能。

会计核算是指会计以货币作为主要计量单位，通过记账、算账、报账，为有关各方提供会计信息的功能。它是会计的最基本职能。记账是指采用会计特有的方法，将企业发生的经济业务记录下来；算账是指企业盈亏、成本等的计算；报账是指将记录下来的信息以财务报告的形式报送给有关方面。

会计反映经济活动情况，主要是从数量的角度，以货币作为统一的和主要的计量尺度，通过计量、记录、计算、归类、整理和汇总等一系列专门方法，将构成经济活动的大量经济业务，转化为一系列如实反映经济活动过程和结果的数据指标体系，并在此基础上，按照经济活动过程本身固有的内在联系，通过分析对比，判断过去和现在的经济活动是否合理有效，同时对未来的经济活动进行预测和规划，提供经济决策的预期方案和计划，将对经济活动情况的表象认识上升为对经济活动过程和结果的实质反映，为经济管理提供所需的整套会计资料。

### (二)会计的监督职能

会计监督是指在进行会计核算的同时，会计对经济活动的合法性、合理性进行审查的功能，也称为会计控制职能。

会计监督主要是利用会计资料对经济活动加以控制和指导。对经济活动进行核算的过程，也是实行会计监督的过程。

在会计实践中，会计对经济活动过程的监督通常应通过制订计划、组织实施、评价成果、调整计划四个步骤实现。其核心是以国家有关财经政策、法规、制度为依据，对企业整个经济活动实施监督，以保证其合规性和合法性，促使一切经济单位在遵守国家有关法规、制度的前提下，增加经济效益。

会计的核算职能和监督职能是相辅相成的。会计核算是会计监督的前提和基础，会计监督又是会计核算的最终目的和质量保障。没有会计核算提供的会计资料，会计监督也就失去了客观依据，从而无法进行；反之，没有会计监督，会计核算也失去了意义。

会计的基本职能并不是一成不变的，随着社会经济的不断发展和经济管理客观需要的变化，会计的职能也发生了相应的变化。现代会计除具有核算和监督两大职能之外，还具有预测职能、决策职能、评价职能等。

## 三、会计的对象

会计的对象是指会计核算和监督的内容。凡是特定单位能够以货币计量的经济活动，都是会计核算和监督的内容，也就是会计的对象。以货币表现的经济活动，通常又称为价值运动或资金运动，所以，也可以说，会计的对象是特定单位的价值运动或资金运动。

不同经济单位资金运动的内容和方式各有不同，但一切经济单位的资金运动均具有静态和动态两种不同的表现形式。资金运动的静态表现形式是指资金运动在某一特定时点所呈现的形式，包括资金的运用和资金的取得两个方面。资金的运用形成各项资产，资金的取得则有借入和投资者投入两个来源。

资金运动的动态表现形式是指资金运动在运动过程中所呈现的形式，即资产的循环和周转。在资金的循环和周转过程中，一方面要发生各种费用，另一方面要取得相应的收入，收入与费用的差额即为实现的损益。

## 四、会计的基本特点

根据对会计的概念及其基本职能的分析，可以将会计的基本特点归纳为：

### (一)以货币为主要计量单位

现实中存在三种不同的计量单位，即实物计量单位(件、台、千克等)、劳动计量单位(工时、工作日等)及货币计量单位(元、角、分等)。实物计量单位和劳动计量单位虽然直观具体，但其本身又存在多种不同的计量方式，不能对不同经济业务产生的数据进行综合核算。而货币是价值的化身，一切商品都可以从价值的角度用货币进行计量，因而成为统一的计量单位。会计核算的范围，就是能用货币计量的经济活动。

需要说明的是，货币作为会计的主要计量单位，并不排斥实物计量和劳动计量。有关实物进出业务和劳动耗费业务，仍需分别用实物计量单位和劳动计量单位进行核算，但最终必须进行货币计量。例如，购入500公斤原材料，金额为50 000元。对于这项经济业务在进行会计核算时，在登记原材料账时，应记录收入数量为500公斤，金额为50 000元。

### (二)以凭证为主要依据

会计提供的信息必须真实可靠，才能真正满足经济管理的需要，这就要求会计核算工作必须以凭证为主要依据。任何一项经济业务发生或完成时，都必须取得或填制合法的会计凭证，如实记录经济业务的发生或完成情况，经审查合格后，才可作为登记账簿的客观依据。

会计凭证作为对经济业务的初始记录,不仅成为会计核算工作的主要依据,而且是查证经济业务,实现会计监督,保证各项经济业务真实性和合法性的重要依据。

(三)会计核算具有完整性、连续性和系统性

会计核算的完整性,是指对于一个单位能以货币计量的各项经济活动,应当全部如实记录,不得遗漏。会计核算的连续性,是指对于一个单位能以货币计量的各项经济业务,应当按其发生或完成的时间顺序进行连续记录,不得中断。会计核算的系统性,是指对于一个单位能以货币计量的各项经济业务,应当采用一系列专门方法进行分类记录,保证会计信息的有用性。

## 五、会计核算方法

会计核算方法是对企业的经营活动进行完整、连续、系统地记录、计算、整理和汇总,提供经济管理所需会计核算资料所运用的专门方法。会计核算方法包括七种:设置会计科目和账户、复式记账、填制和审核会计凭证、登记账簿、成本计算、财产清查、编制会计报表。

(一)设置会计科目和账户

会计对象的具体内容繁多复杂,必须进行科学分类,形成一套完整的指标体系。为满足会计核算的系统性需要,国家对会计对象进行了统一分类,即会计科目。各单位应按国家统一的会计科目,设置账户,进行会计核算。

(二)复式记账

任何一项经济业务的发生,都会引起至少两个方面的资金发生增减变动,为保证会计核算的完整性,会计核算时应将经济业务引起的所有资金变动均进行记录,而不能仅记一项。例如,用现金购入材料,对于该项经济业务,会计核算时应同时记录现金减少,材料增加。此种记账方式即为复式记账法。

(三)填制和审核会计凭证

任何一项经济业务的发生或完成,都应取得或填制有关凭证,以保证经济业务的真实性。会计人员进行会计核算,必须以合理、有效的会计凭证为依据。

(四)登记账簿

账簿是记录经济业务的簿籍。企业发生的所有经济业务均应以会计凭证为依据,在账簿中进行序时登记和分类登记,才能保证会计核算的连续、系统,并为编制会计报表提供依据。

(五)成本计算

及时、准确地确定材料的采购成本、劳务成本、产品成本、销售成本等各项耗费,是正

确计算利润的重要依据。

（六）财产清查

会计应定期进行实物的盘点，账目的核对，确定各项财产物资的实有数额，并与账面结存数进行核对，确定账实是否相符。若不相符，要查明原因，分清责任，并按规定的手续及时调整账面结存数，直至账实相符。只有这样，才能保证根据账簿信息编制的财务报表真实可靠。

（七）编制会计报表

企业在日常会计核算中，首先要把所发生的经济业务通过复式记账、填制审核凭证、登记账簿等会计方法，连续、系统、完整地进行记录。然而账簿反映的会计信息比较分散，所以必须对会计账簿反映的会计信息进行整理、分类、计算、汇总，按照一定的格式编制会计报表，为有关方面提供总括性的会计信息。

需要说明的是，现代会计方法体系包括会计核算方法、会计分析方法和会计检查方法。其中会计核算是基础，它为会计分析和会计检查提供客观依据；会计分析是会计核算的继续和发展，它是对会计核算资料的利用；会计检查是会计核算和会计分析的必要补充，它为企业经营活动的合理性和合法性，为企业会计核算资料的真实性和可靠性提供必要的保证。

**关键概念**

会计　会计核算　会计监督　会计对象

**思考题**

1. 说说你认识的会计学科。
2. 说说你对会计学科有兴趣吗？
3. 谈谈自己对本学科学习目标的认识。

# 第二讲　会计要素和会计基础

【学习目标】

通过本讲学习，熟悉资产、负债、所有者权益、收入、费用与利润六大会计要素的概念及其内容；掌握六大会计要素之间的关系，即会计等式；了解会计核算的基础是权责发生制。

【知识框架】

主要内容
- 一、会计要素
  - 资产 …………………………… 重点掌握
  - 负债 …………………………… 重点掌握
  - 所有者权益 ……………………… 重点掌握
  - 收入 …………………………… 重点掌握
  - 费用 …………………………… 重点掌握
  - 利润 …………………………… 重点掌握
- 二、会计等式
  - 等式一：资产=负债+所有者权益 …… 理解
  - 等式二：收入-费用=利润 ………… 理解
- 三、会计基础：权责发生制 ……………… 了解

## 一、会计要素

会计要素是对会计对象，即能以货币计量的经济活动所做的分类。我国《企业会计准则》将会计要素分为资产、负债、所有者权益、收入、费用和利润六大类。其中，前三类是反映企业财务状况的会计要素，是构成资产负债表的主要内容；后三类是反映企业经营成果的会计要素，是构成利润表的主要内容。

1. 资产是指企业拥有的现金、银行存款、机器设备、厂房、原材料、商品等预期能够给企业带来经济利益的各种财产物资。

2. 负债是指企业在经营过程中形成的应付账款、应交税费、应付职工薪酬及银行借款等需要在未来偿还的各种债务。

3. 所有者权益是指投资者投入企业的资金，以及企业在经营过程中形成的归投资者所有的利润。

4. 收入是指在一定期间内企业销售商品等日常经济活动为企业带来的经济利益。

5. 费用是指在一定期间内企业生产商品等日常经营活动过程中发生的各项耗费。

6. 利润是指企业在一定期间,收入与费用相抵后的差额,即实现的盈利或发生的亏损。

## 二、会计等式

会计等式是指会计要素之间客观存在的等式关系,即资产、负债、所有者权益、收入、费用与利润之间的等式关系。

会计等式一:资产=负债+所有者权益

企业资金有两种表现形式,即资金占用与资金来源。资金占用表现为企业的各项资产。资金来源包括所有者提供的资金和债权人提供的资金两类,债权人提供的资金称为负债,所有者提供的资金称为所有者权益。企业资金的两种表现形式在金额上应当是一致的,即在任何时点上,资金占用额等于资金来源额。

用会计方式表述该等式即为:资产=负债+所有者权益。

资金占用额=资金来源额
↓　　　　↓
资　产　=负债+所有者权益

无论企业发生任何经济业务,该等式永恒存在。因为任何经济业务只能引起资产、负债及所有者权益的金额发生变动,而无法改变等式关系。

例如,某企业2011年末拥有100万元资产,其中投资者投入资产为80万元,另有20万元的资产,款尚未支付,则该企业2011年末的资产为100万元,所有者权益为80万元,负债为20万元。显然,资产100万元=负债20万元+所有者权益80万元。

若2012年该企业发生两项经济业务,分别是:①购入资产10万元,款未付;②返还投资款20万元。业务①表明资产增加10万元,负债也增加10万元。业务②表明所有者权益减少20万元,资产减少20万元,则2012年末该企业资产为100万元+10万元-20万元=90万元,负债为20万元+10万元=30万元,所有者权益为80万元-20万元=60万元。2012年末资产90万元=负债30万元+所有者权益60万元。显然,经济业务只是引起了资产、负债及所有者权益的金额发生增减变动,但它们之间的等式关系仍然不变。

资产、负债与所有者权益金额变化见下表:(单位:万元)

| | 资产 | 负债 | 所有者权益 | 负债与所有者权益合计 |
|---|---|---|---|---|
| 2011 年末 | 100 | 20 | 80 | 100 |
| 2012 年购入资产 10 万,款未付 | 110 | 30 | 80 | 110 |
| 2012 年返还投资款 20 万 | 90 | 30 | 60 | 90 |
| 2012 年末 | 90 | 30 | 60 | 90 |

可见,经济业务只是引起资产、负债和所有者权益的金额发生增减变化,而资金无论怎么变化,均不改变资产合计与负债和所有者权益合计相等这一等式。该会计等式,永恒存在,又称会计恒等式,是会计核算方法的理论基础,是编制资产负债表的基础。

会计等式二:收入-费用=利润

当收入大于费用时,表明企业经营活动实现了盈利;当收入小于费用时,意味着企业经营活动发生了亏损。该会计等式,是编制利润表的基础。

例如,某企业2011年收入为100万元,成本与费用为80万元,则该企业2011年的利润为100万元-80万元=20万元。

## 三、会计基础

为了正确地计算利润,企业应当严格区分收入与费用所属的会计期间。属于本期的收入不论是否收款,均应记作本期的收入;属于本期的费用不论是否付款,均应记作本期的费用。只有这样对收入和费用进行核算,才能保证本期利润的准确性。这种核算方法称为权责发生制。

企业会计的确认、计量和报告应当以权责发生制为基础。例如,企业2011年末预付下年度书报费1 200元。此项费用虽然在2011年12月支付,但其实际属于2012年的费用,则在2011年12月支付时,不能将其计入当月的费用中,应将其计入2012年的费用中。再如,企业2012年3月预收销货款40 000元,按合同规定,企业应在6月生产完工交货。此项收入虽然在3月收到货款,但其实质属于6月的销售收入,则2012年3月收到的40 000元销货款不能计作本月的收入,应当计作6月的销售收入。

**关键概念**

会计要素　会计等式

**思考题**

1. 说说会计对象与会计要素两概念之间的关系。
2. 展开你的想象,说说什么是资产,什么是负债。
3. 说说收入与费用的关系。
4. 试着分析一下为什么“资产=负债+所有者权益”的等式关系是永远存在的。
5. 试着说说你对权责发生制的认识。

# 第三讲 会计科目和账户

【学习目标】

通过本讲学习，熟记22个基本会计科目的名称及各科目的核算内容；了解账户的概念、结构及其与会计科目的关系。

【知识框架】

| | | | |
|---|---|---|---|
| 主要内容 | 一、会计科目 | 会计科目的概念 | 了解 |
| | | 会计科目的分类 | 重点掌握 |
| | 二、账户 | 账户的概念 | 了解 |
| | | 账户的分类 | 了解 |
| | | 账户的基本结构 | 理解 |

## 一、会计科目

### (一)会计科目的概念

会计科目是对会计要素的具体内容进行分类核算的项目,是对会计对象的基本分类。会计对象的具体内容包括资产、负债、所有者权益、收入、费用和利润六大类会计要素,每类会计要素包含的内容都较多,而且同类要素项目之间的差别也较大,如果按六大要素组织核算,未免过于笼统,不能提供详细具体的分类指标以满足管理的需要。因此,有必要对会计要素做进一步的分类,会计科目就是对会计要素进行科学分类的项目。在会计实务中,会计科目是设置账户的直接依据,也是编制会计报表的基础。例如,将资产要素分为现金、银行存款、固定资产等具体科目,目的是为了对资产进行分类核算,满足各有关方面对会计信息的需要。

### (二)会计科目的分类

在我国会计实务中,会计科目分为三个级次,即一级科目、二级科目和明细科目。一级科目是对会计对象所做的总括分类,因而叫做总分类科目,简称总目,是设置总分类账户的依据。二级科目是对一级科目的进一步分类,因而叫做子目,是设置二级账户的依据。明细科目是对二级科目的更详细分类,因而也叫细目。

一级会计科目由财政部以会计准则的形式统一制定。财政部不仅规定了一级会计科目的名称,而且规定了每一个科目的固定编号及核算内容,以保证会计核算指标在全国范围内口径一致,便于会计资料的综合汇总和分析利用。在不影响会计核算要求和会计报表指标汇总,以及对外提供统一会计报表的前提下,企业可以根据实际情况自行增设、减少或合并某些会计科目。二级科目介于一级科目和明细科目之间,与一级科目和明细科目核算的内容相同,只不过比一级科目详细,比明细科目概括,因而在实务中,是否设置二级科目可由企业根据实际需要灵活掌握。会计准则规定,除个别核算内容非常单纯的科目外,所有一级科目下均应设置明细科目。除会计准则规定的特别明细科目外,明细科目一般由企业根据实际需要自行设置。

例如,某企业原材料可分为原料及主要材料、辅助材料二类。其中原料及主要材料具体包括A材料、B材料及C材料三种,则该企业应设置"原材料"一级科目;同时,必须设置"原材料——原料及主要材料——A材料""原材料——原料及主要材料——B材料"及"原材料——原料及主要材料——C材料"明细科目。根据核算需要,可以设置"原材料——原料及主要材料""原材料——辅助材料"二级科目。

为了便于会计科目的掌握及运用,会计科目表将会计科目分为五大类,包括资产类、负债类、所有者权益类、成本类和损益类。虽然会计科目是对会计要素进行分类核算的项目,但会计科目的分类与会计要素的分类不完全相同。

根据中华人民共和国财政部2006年颁布的《企业会计准则》,企业常用会计科目的设置见下表(会计科目参照表)。

**会计科目参照表(部分)**

| 资产类 | 负债类 | 所有者权益类 | 损益类 |
|---|---|---|---|
| 库存现金 | 短期借款 | 实收资本 | 主营业务收入 |
| 银行存款 | 应付账款 | 本年利润 | 主营业务成本 |
| 应收账款 | 应付职工薪酬 | | 营业税金及附加 |
| 其他应收款 | 应交税费 | | 销售费用 |
| 原材料 | 其他应付款 | 成本类 | 管理费用 |
| 库存商品 | 应付利息 | 生产成本 | 财务费用 |
| 固定资产 | | 制造费用 | 所得税费用 |
| 累计折旧 | | | |

1. "库存现金"科目。存放在企业,由出纳人员经管的货币资金,称为库存现金。为了反映库存现金的收入、支出和结存情况,企业应设置"库存现金"科目。"库存现金"总账由会计人员登记。库存现金的明细核算通过"现金日记账"进行,由出纳人员登记。

2. "银行存款"科目。企业存入银行的货币资金,称为银行存款。为了反映银行存款的收入、支出和结存情况,企业应设置"银行存款"科目。"银行存款"总账由会计人员登记。

银行存款的明细核算通过“银行存款日记账”进行，由出纳人员登记。

3.“应收账款”科目。企业因销售商品等经营活动形成的应向对方收取的款项，称为应收账款。为了反映应收账款的增减变化情况，企业应设置“应收账款”科目；并按应收单位设置明细科目，进行明细核算。

4.“其他应收款”科目。因销售商品以外的业务活动形成的应收款称为其他应收款，如职工出差借款、应收账款等。为了反映其他应收款的增减变化情况，企业应设置“其他应收款”科目；并按其他应收款的单位或个人设置明细科目，进行明细核算。

5.“原材料”科目。企业为生产产品而购入的各种原料及主要材料、辅助材料等称为原材料。为了反映库存各种原材料的收发与结存情况，企业应设置“原材料”科目；并按库存材料的种类设置明细科目，进行明细核算。

6.“库存商品”科目。工业企业生产完工验收入库，可以对外销售的产品；商品流通企业购入，可以对外销售的商品，在会计上统称为库存商品。为了反映库存各种商品的收发与结存情况，企业应设置“库存商品”科目；并按各种库存商品的种类设置明细科目，进行明细核算。

7.“固定资产”科目与“累计折旧”科目。企业持有的机器、厂房、设备等称为固定资产。固定资产购入时的价值称为固定资产原价。固定资产在使用过程中，其原价逐渐转移计入各期成本费用中，称为固定资产累计折旧。为了反映固定资产原价的增减变化情况，企业应设置“固定资产”科目，并按种类设置明细科目，进行明细核算。为了反映固定资产累计折旧的增减变化情况，企业应设置“累计折旧”科目。该科目可按固定资产种类设置明细科目进行明细核算，也可不进行明细核算。

8.“短期借款”科目与“应付利息”科目。企业向银行借入的期限在一年以内的各种借款，称为短期借款。为了反映短期借款本金的增减变化情况，企业应设置“短期借款”科目，并按借款银行设置明细科目，进行明细核算。企业每月末应将短期借款利息计入费用，形成的债务，称为应付利息。为了反映应付利息的增减变化，企业应设置“应付利息”科目，并按借款银行设置明细科目，进行明细核算。

9.“应付账款”科目。企业采购材料等业务活动形成的应付款项称为应付账款。为了反映应付账款的增减变化情况，企业应设置“应付账款”科目，并按应付款单位设置明细科目，进行明细核算。

10.“应付职工薪酬”科目。企业应付职工的工资、奖金、津贴和补贴等各项报酬称为应付职工薪酬。为了反映应付职工薪酬的增减变化情况，企业应设置“应付职工薪酬”科目，并按“工资”、“职工福利”等设置明细科目，进行明细核算。

11.“应交税费”科目。企业根据税法规定应交的各种税费，如增值税、城市维护建设税、所得税等，称为应交税费。为了反映应交税费的增减变化情况，企业应设置“应交税费”科目,并按各种应交税费设置明细科目,进行明细核算。

12.“其他应付款”科目。因采购材料以外的业务活动形成的各种应付款项,如应付滞纳金、应付账款等,称为其他应付款。为了反映其他应付款的增减变化情况,企业应设置“其他应付款”科目,并按应付款单位或个人设置明细科目,进行明细核算。

13.“实收资本”科目。股份制以外的企业收到投资者投入的资金,称为实收资本。为了反映企业实收资本的增减变化,企业应设置“实收资本”科目,并按投资者设置明细科目,进行明细核算。

14.“本年利润”科目。各期收入总额减去费用总额,称为利润或亏损。为了反映本年各期利润或亏损的形成情况,企业应设置“本年利润”科目。该科目不需设置明细科目,进行明细核算。

15.“生产成本”科目与“制造费用”科目。工业企业生产产品过程中发生的各项费用,称为生产费用。生产费用包括直接费用和间接费用两种。为了反映生产费用的增减变化情况,企业应设置“生产成本”科目,并按产品种类设置明细科目,进行明细核算。为了单独反映生产费用中的间接费用的增减变化情况,企业应设置“制造费用”科目,并按生产车间设置明细科目,进行明细核算。

16.“主营业务收入”科目。企业销售产品等主要业务活动取得的收入,称为主营业务收入。为了反映主营业务收入的增减变化情况,企业应设置“主营业务收入”科目,并按收入种类设置明细科目,进行明细核算。

17.“主营业务成本”科目。企业已销产品等主要业务活动的销售成本,称为主营业务成本。为了反映主营业务成本的增减变化情况,企业应设置“主营业务成本”科目,并按销售成本种类设置明细科目,进行明细核算。

18.“营业税金及附加”科目。企业销售产品等业务活动形成的各种税费,称为营业税金及附加。为了反映营业税金及附加的增减变化情况,企业应设置“营业税金及附加”科目。该科目不需设置明细科目,进行明细核算。

19.“销售费用”科目。企业在销售商品过程中发生的各项费用,称为销售费用。为了反映销售费用的增减变化情况,企业应设置“销售费用”科目。该科目一般按费用项目进行明细核算。

20.“管理费用”科目。企业行政管理活动发生的各项费用,称为管理费用。为了反映管理费用的增减变化情况,企业应设置“管理费用”科目。该科目一般按费用项目进行明细核算。

21.“财务费用”科目。企业筹集资金发生的利息等费用,称为财务费用。为了反映财务费用的增减变化情况,企业应设置“财务费用”科目。该科目一般按费用项目进行明细核算。

22.“所得税费用”科目。按税法规定,企业应按利润的一定比例计算应交所得税,形成的费用,称为所得税费用。为了反映所得税费用的增减变化情况,企业应设置“所得税费用”科目。该科目不需设置明细科目,进行明细核算。

## 二、账户

### (一)账户的概念

如前所述,会计科目只是对会计对象具体内容进行分类核算的项目,它只有一个名称,表明应该核算什么经济内容,而不能对这些经济内容直接进行登记。因此,有必要以会计科目为依据在账簿中开设账户,以便于连续、系统地将企业的各种经济业务的发生情况和所引起的资金变动情况分门别类地进行登记, 以提供管理所需的日常分类核算资料。

账户是根据会计科目设置的,具有一定格式和结构,用于分类核算会计要素增减变动及其结果的载体。在会计实务中,账户直接以会计科目为依据设置,会计科目的名称就是账户的名称,会计科目反映的经济内容就是依据该科目设置的账户所要核算的内容。二者的区别主要表现在:会计科目仅是对会计对象所做分类的项目标志,因而只有名称,表明核算某项经济内容;账户则是分类核算和监督会计对象的工具,因而不仅有名称,表明核算某项经济内容,而且反映该项经济内容的变化情况和变化结果,因而还具有一定的结构。

### (二)账户的分类

账户按照反映信息的详细程度,可分为总分类账户和明细分类账户两类。

1. 总分类账户是根据一级会计科目设置的分类账户,用以对会计要素进行总括分类核算的账户,简称总账账户或总账。与总分类科目一致,总分类账户一般是根据国家的统一会计制度规定设置。根据总分类账户反映的经济内容不同,可将其进一步分为资产类账户、负债类账户、所有者权益类账户、成本类账户和损益类账户五类。其中,损益类账户可进一步分为收入类账户和费用类账户两类。

2. 明细分类账户是根据明细会计科目设置的分类账户,用以对会计要素具体内容进行明细分类核算的账户,简称明细账。与明细分类科目一致,明细分类账户也是根据内部管理需要自行设定的,但并非明细账户的设置越细越好,而是以既要满足管理需要,又要简化核算为原则。

总账与明细账之间既有联系,又有区别。其联系主要表现在:二者反映的经济内容相同,所提供的指标相互补充,相互说明,总账指标是明细账指标的综合,明细账指标则是总账指标的具体化,因而总账处于统驭地位,对明细账起控制作用,明细账则处于从属地位,对总账起补充说明作用。其区别主要表现在:第一,二者的设账依据不同,总账依据一级会计科目设置,明细账则依据明细科目设置。第二,二者提供指标的详细程度不同,总账提供每一会计对象总括、全面的综合指标,明细账则提供该类会计对象详细、具体的个别指标。第三,二者使用的计量单位不同,总账只使用货币计量单位,明细账则在使用货币计量单位的同时,有可能还使用实物计量等其他计量单位。

在会计实务中,必须将总账和明细账结合运用,这是基于经济管理的客观需要和保证会计信息质量的客观需要。经济管理需要掌握全面、完整的情况,从而要求会计一方面提供会计对象综合、全面的总括指标,另一方面提供各类会计对象更为详细、具体的明细指标。企业经营管理者依据综合、全面的指标,可以总揽企业经营活动的全局,依据详细、具体的明细指标,则可以进一步把握企业经营活动的详细情况,从而使企业经营管理者能够正确认识并分析企业经营活动,做出正确的经营决策。显然,只设置一种账户,不可能满足经济管理的上述要求。只有同时设置两种账户,将总分类核算与明细分类核算结合起来,才能充分满足经济管理需要。此外,同时设置和使用总分类账户和明细分类账户,实行总分类核算和明细分类核算的结合,可以使两种核算所提供的指标形成相互制约、彼此控制的关系,从而保证会计信息的质量。

(三)账户的基本结构

账户的结构,是指账户应设置几个部分,每个部分应反映什么内容。在实践中,账户的构成内容比较复杂且差别较大,但任何账户都必须具备以下两个最基本的内容:

第一,账户名称。如前所述,账户名称就是其会计科目的名称,其作用是表明账户的核算内容。

第二,账户的左方和右方。由于经济业务引起会计要素的变化,无非是增加和减少两种情况。因此,用来反映经济业务的账户,在结构上相应地分为两个基本部分:一部分反映本期增加额,另一部分反映本期减少额。通常把账户的基本结构简化为左、右两方(见下图)。至于哪一方反映本期增加额,哪一方反映本期减少额,则取决于记账方法及账户的性质。

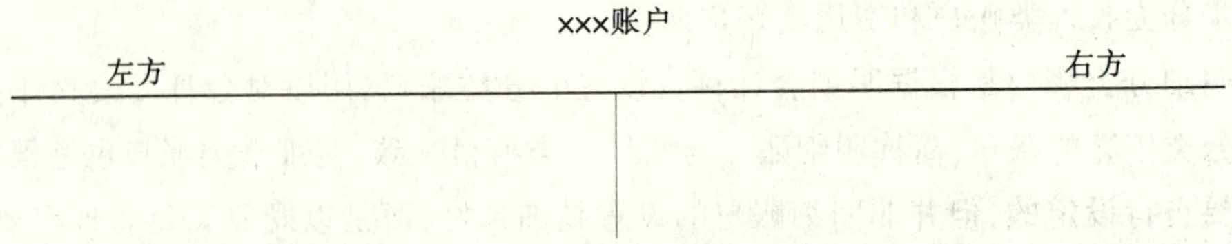


这种由账户名称及账户的左方和右方两个基本内容构成的账户格式,通常被称做"T"字形账户。实践中实用的账户格式,除包含上述两个基本内容外,至少还应包含记账日期、凭证序号和摘要等内容。"T"字形账户不过是适应教学需要所采用的简化格式。

**关键概念**

会计科目　账户　总分类账户　明细分类账户

**思考题**

1. 说说会计对象、会计要素与会计科目三个关联概念的关系。
2. 记住22个会计科目的名称及其核算内容。
3. 说说会计科目与会计账户两个关联概念的关系。
4. 举例说明什么是总分类账户，什么是明细分类账户，它们之间是什么关系。
5. 你会画“T”字形账户吗？

# 第四讲 借贷记账法

**【学习目标】**

通过本讲学习，了解复式记账法；全面了解借贷记账法的原理；重点掌握借贷记账法下各类账户的基本结构；掌握会计分录编制的基本思路；了解试算平衡的原理。

**【知识框架】**

主要内容
- 一、复式记账法 …………………………………… 了解
- 二、借贷记账法
  - 借贷记账法的记账符号 …………… 重点掌握
  - 借贷记账法的账户结构 …………… 重点掌握
  - 借贷记账法的记账规则 …………… 重点掌握
  - 会计分录 ………………………………… 掌握
  - 对应关系 ………………………………… 了解
  - 试算平衡 ………………………………… 了解

## 一、复式记账法

复式记账法是指对于发生的每一项经济业务，都要以相等的金额在两个或两个以个相互联系的账户中进行登记，系统地反映经济业务的一种会计核算方法。

【例】用银行存款50 000元购买原材料。

此项经济业务，使银行存款减少50 000元，同时使原材料增加50 000元。采用复式记账法记账，则既要在“银行存款”账户上登记减少50 000元，同时也要在“原材料”账户上登记增加50 000元。

## 二、借贷记账法

借贷记账法是指以“借”和“贷”为记账符号，以“有借必有贷，借贷必相等”为记账规则的一种复式记账法。

目前，借贷记账法是世界各国普遍采用的复式记账方法。1992年11月我国颁布的《企业会计准则》规定，从1993年7月1日起我国境内的所有企业一律采用借贷记账法。1998年实施的《事业单位会计准则》《行政单位会计准则》等规定，行政、事业单位一律采用借贷记账法。

**(一)借贷记账法的记账符号**

借贷记账法以“借”、“贷”作为记账符号。“借”可表示增加,也可表示减少;同样,“贷”可表示增加,也可表示减少。那么,“借”什么时候表示增加,什么时候表示减少;“贷”什么时候表示增加，什么时候表示减少，则取决于账户的性质。即不同性质的账户,“借”和“贷”分别代表不同的含义。借贷记账法分别规定了不同性质的账户“借”与“贷”的含义。

**(二)借贷记账法下的账户结构**

借贷记账法下账户的基本结构是:每个账户都分为“借方”和“贷方”。规定账户的左方为借方,账户的右方为贷方。这种基本结构一般用如下“T字账”形式表示。

×××账户

| 借方 | 贷方 |
|---|---|
| | |

1. 资产类、成本类账户的基本结构

资产类账户、成本类账户的基本结构是:借方登记资产、成本的本期增加额,贷方登记资产、成本的本期减少额;期末余额一般在借方,表示资产、成本的实际金额。见下图:

×××(资产或成本)账户

| 借方 | | 贷方 | |
|---|---|---|---|
| 期初余额 | ××× | | |
| 本期增加额 | ××× | 本期减少额 | ××× |
| 本期发生额 | ××× | 本期发生额 | ××× |
| 期末余额 | ××× | | |

**期末借方余额=期初借方余额+本期借方发生额-本期贷方发生额**

【例】某企业2012年5月初“银行存款”账户的借方余额为6 000元,2012年5月“银行存款”账户借方发生额(增加额)为8 000元,贷方发生额(减少额)为10 000元,则2012年5月末“银行存款”账户的借方余额应为4 000元。

银行存款

| 借方 | | 贷方 | |
|---|---|---|---|
| 期初余额 | 6 000 | | |
| 本期借方发生额 | 8 000 | 本期贷方发生额 | 10 000 |
| 期末余额 | 4 000 | | |

2. 负债及所有者权益类账户的基本结构

负债及所有者权益类账户的基本结构是:贷方登记负债及所有者权益的增加额,借方登记负债及所有者权益的减少额；期末余额一般在贷方，表示负债及所有者权益的实际金额。见下图：

×××(负债或所有者权益)账户

| 借方 | | | 贷方 |
|---|---|---|---|
| | | 期初余额 | ××× |
| 本期减少额 | ××× | 本期增加额 | ××× |
| 本期发生额 | ××× | 本期发生额 | ××× |
| | | 期末余额 | ××× |

期末贷方余额=期初贷方余额+本期贷方发生额−本期借方发生额

【例】某企业2012年5月初“应付账款”账户的贷方余额为9 000元，2012年5月“应付账款”账户贷方发生额(增加额)为5 000元，借方发生额(减少额)为8 000元，则该企业2012年5月末“应付账款”账户的期末贷方余额应为6 000元。

应付账款

| 借方 | | | 贷方 |
|---|---|---|---|
| | | 期初余额 | 9 000 |
| 本期借方发生额 | 8 000 | 本期贷方发生额 | 5 000 |
| | | 期末余额 | 6 000 |

3. 收入类账户的基本结构

收入类账户的基本结构是：贷方登记收入的增加额，借方登记收入的减少额和转出额。按财务制度的规定，为计算利润，每期末应将收入类账户的发生额，转入本年利润账户，所以收入类账户通常没有期末余额。见下图：

×××(收入)账户

| 借方 | | | 贷方 |
|---|---|---|---|
| 本期减少额及转出额 | ××× | 本期增加额 | ××× |
| 本期发生额 | ××× | 本期发生额 | ××× |

=

【例】某企业2012年5月“主营业务收入”账户的贷方发生额(增加额)为80 000元，借方发生额(转出额)为80 000元，则2012年5月末“主营业务收入”账户期末余额为0，即无期末余额。

主营业务收入

| 借方 | | | 贷方 |
|---|---|---|---|
| 本期借方发生额 | 80 000 | 本期贷方发生额 | 80 000 |

=

4. 费用类账户的基本结构

费用类账户的基本结构是：借方登记费用的增加额、贷方登记费用的减少额及转出额。同收入类账户相同，为计算利润，每期末应将费用账户的发生额也转入本年利润账户，所以费用类账户通常也没有期末余额。

×××(费用)账户

| 借方 | | 贷方 | |
|---|---|---|---|
| 本期增加额 | ××× | 本期减少额及转出额 | ××× |
| 本期发生额 | ××× | 本期发生额 | ××× |

【例】某企业2012年5月“管理费用”账户的借方发生额(增加额)为50 000元，贷方发生额(转出额)为50 000元，则2012年5月末“管理费用”账户的期末余额为0，即无期末余额。

管理费用

| 借方 | | 贷方 | |
|---|---|---|---|
| 本期借方发生额 | 50 000 | 本期贷方发生额 | 50 000 |

综上所述，所有账户的结构特征和基本使用方法可列示如下表：

| 账户性质 | 借方 | 贷方 | 余额 |
|---|---|---|---|
| 资产类账户 | 资产增加 | 资产减少 | 在借方 |
| 负债类账户 | 负债减少 | 负债增加 | 在贷方 |
| 所有者权益类账户 | 所有者权益减少 | 所有者权益增加 | 在贷方 |
| 成本类账户 | 成本增加 | 成本减少及转出 | 一般无余额 |
| 收入类账户 | 收入减少及转出 | 收入增加 | 无 |
| 费用类账户 | 费用增加 | 费用减少及转出 | 无 |

借方期末余额=借方期初余额+借方本期发生额-贷方本期发生额

贷方期末余额=贷方期初余额+贷方本期发生额-借方本期发生额

(三)借贷记账法的记账规则

借贷记账法的记账规则是：“有借必有贷，借贷必相等。”任何经济业务必然会引起两个或两个以上的账户发生增减变动，根据复式记账的原理，必须在所有发生变动的账户上进行登记。采用借贷记账法进行核算时，应使用“借”或“贷”这两个记账符号，借记某账户，同时必须贷记某账户，此为“有借必有贷”。而且借记某账户的金额必须与贷记某账户的金额一致，此为“借贷必相等”。

【例】企业用银行存款3 000元购买原材料。

此项业务中，一方面使资产类账户“银行存款”减少3 000元，另一方面使资产类账户“原材料”增加3 000元。根据借贷记账法的记账规则，此项业务应在“银行存款”账户的贷方登记3 000元，同时应在“原材料”账户的借方登记3 000元。

（四）会计分录

会计分录是指对发生的经济业务指出所涉及的账户名称、金额和应借应贷方向的记录，简称分录。

1. 会计分录的编制步骤

(1)分析经济业务，确定所涉及的账户及各账户的性质；

(2)分析所涉及的账户是应记增加还是应记减少；

(3)分析确定应记所涉及账户的借方还是贷方；

(4)确定应记各账户的金额；

(5)按照“上借下贷、借贷错开”的固定格式编制。

会计分录的固定格式如下：

借：×××(科目名称)　　　×××(金额)

　　贷：×××(科目名称)　　　×××(金额)

【例】从银行提取现金3 000元。

分析：此项业务，涉及两个账户：“银行存款”和“库存现金”；两个账户均为资产类账户。该项业务使“银行存款”资产减少3 000元，应记“银行存款”账户的贷方；同时使“库存现金”资产增加3 000元，应记“库存现金”账户的借方3 000元。

应编制如下会计分录：

借：库存现金　　　3 000

　　贷：银行存款　　　3 000

2. 会计分录的种类

会计分录包括简单分录和复合分录两种。

简单分录是指只有一个借方和一个贷方的会计分录(简称“一借一贷”)。

复合分录是指一个借方与几个贷方对应(简称“一借多贷”)或几个借方与一个贷方对应(简称“多借一贷”)的会计分录。复合分录可以分解为多个简单分录。在会计实务中，编制复合会计分录，不仅可以集中反映经济业务的全貌，而且可以简化记账工作，节省记账时间，提高会计工作效率。

但是，要注意，为了清楚地反映账户之间的对应关系，一般不要编制多借多贷的会计分录。

【例】企业用银行存款5 000元偿还短期借款。

分析：此项业务中，涉及两个账户：“银行存款”和“短期借款”；“银行存款”账户属于资产类账户，“短期借款”账户属于负债类账户。该项经济业务使“银行存款”资产减少5 000

元，应记“银行存款”账户贷方5 000元；同时使“短期借款”负债减少5 000元，应记“短期借款”账户借方5 000元。

应编制如下会计分录：

借：短期借款　　5 000

　贷：银行存款　　5 000

此会计分录涉及一个借方和一个贷方，为简单分录。

【例】企业购买原材料一批，成本21 000元，其中以银行存款支付20 000元，以现金支付1 000元。

分析：此项经济业务涉及三个账户：“库存现金”、“银行存款”和“原材料”，三个账户均属于资产类账户。该业务一方面使“原材料”资产增加21 000元，应记“原材料”账户借方21 000元，另一方面使“库存现金”资产减少1 000元，应记“库存现金”账户的贷方1 000元；还使“银行存款”资产减少20 000元，应记“银行存款”账户贷方20 000元。

应编制如下会计分录：

借：原材料　　21 000

　贷：库存现金　　1 000

　　银行存款　　20 000

此会计分录涉及一个借方、两个贷方，为“一借多贷”的复合分录，也可将其分解为以下两个简单分录：

借：原材料　　20 000

　贷：银行存款　　20 000

借：原材料　　1 000

　贷：库存现金　　1 000

（五）账户对应关系

账户的对应关系是指按照“有借必有贷，借贷必相等”的记账规则登记经济业务所形成的账户之间的借、贷关系。形成对应关系的账户为对应账户。如上例经济业务，原材料与库存现金、银行存款之间的这种借贷关系就为对应关系；在此项经济业务中，具有对应关系的三个账户就为对应账户。

（六）试算平衡

在会计实务中，发生错误是难免的，因此，有必要采用一种科学简便的方法来检查和验证账户记录是否正确，以便发现错账，及时予以更正。试算平衡就是根据借贷记账法原理来检查和验证账户记录是否正确的科学方法。采用借贷记账法，按“有借必有贷，借贷必相等”的记账规则登记每笔经济业务的结果，必然是全部账户的借方本期发生额合计与贷方本期发生额合计相等。根据账户的性质可以看出，资产类账户的余额在借方，负债与所有者权益账户的余额在贷方,其他性质的账户期末一般无余额。所以,全部账户的借方余额合计应为资产总计,全部账户的贷方余额合计为负债与所有者权益的总计。根据会计等式“资产=负债+所有者权益”的原理,所以,全部账户的借方余额合计必须与全部账户贷方余额合计相等。

综上所述,借贷记账法的试算平衡有发生额试算平衡和余额试算平衡两种,用公式表示为:

全部账户借方本期发生额合计 = 全部账户贷方本期发生额合计

全部账户借方余额合计 = 全部账户贷方余额合计

根据上述第一个公式所反映的金额平衡关系来检查账户记录是否正确的方法, 称为发生额试算平衡,根据第二个公式所反映的金额平衡关系来检查账户记录是否正确的方法,称为余额试算平衡。在会计实务中,发生额试算平衡和余额试算平衡通过编制“总分类账户本期发生额及余额试算平衡表”进行。试算平衡表格式如下表(总分类账户本期发生额及余额试算平衡表)所示:

**总分类账户本期发生额及余额试算平衡表**

| 序号 | 账户名称 | 期初余额 | | 本期发生额 | | 期末余额 | |
|---|---|---|---|---|---|---|---|
| | | 借方 | 贷方 | 借方 | 贷方 | 借方 | 贷方 |
| | | | | | | | |
| | 合计 | | | | | | |

上述试算平衡表,主要用于检查总分类账户记录是否正确,其编制方法留待本教材会计操作知识入门中做详细介绍。

**关键概念**

借贷记账法　会计分录　试算平衡

**思考题**

1. 借贷记账法是会计核算方法之一,说说你对借贷记账法的了解。
2. 解释五类账户的借、贷含义。
3. 举例说明五类账户的借、贷含义。
4. 谈谈如何编制会计分录。
5. 你知道什么是账户的对应关系吗?

# 第五讲 主要经济业务的核算

**【学习目标】**

通过本讲学习，掌握十三类经济业务会计分录的编制原理，为下学期的实操打下良好的基础；本讲是对上讲借贷记账法的深入学习，通过十三类经济业务的学习，充分理解借贷记账法的原理。

**【知识框架】**

主要内容
- 一、收到投资者投资的核算 …… 掌握
- 二、短期借款的核算 …… 重点掌握
- 三、原材料的核算 …… 重点掌握
- 四、固定资产的核算 …… 重点掌握
- 五、工资的核算 …… 重点掌握
- 六、差旅费的核算 …… 重点掌握
- 七、办公费的核算 …… 重点掌握
- 八、生产费用的核算 …… 掌握
- 九、销售产品的核算 …… 重点掌握
- 十、广告费的核算 …… 掌握
- 十一、应交增值税的核算 …… 掌握
- 十二、应交城市维护建设税的核算 …… 掌握
- 十三、结转收入与费用的核算 …… 重点掌握

## 一、收到投资者投资的核算

企业应设置"实收资本"账户用来核算投资者投入的资本。该账户为所有者权益类账户，收到投资者投入资本时，表示实收资本增加，应记入该账户的贷方。法律规定，企业所有者不得抽走投资，所以该账户一般无借方发生额。期末余额在贷方，表示实收资本的总额。该账户应按投资者名称开设明细账，进行明细核算。

企业收到投资者投入的货币资金存入银行，表示银行存款增加，应记入"银行存款"账户的借方；同时表示投资者投入资本的增加，应记入"实收资本"账户的贷方。

借：银行存款　　　　×××

　贷：实收资本　　　　×××

【例】甲公司在成立时收到A公司投入的货币资金300 000元，存入银行。

甲公司应编制如下会计分录：

借：银行存款　　　　　　　　300 000

　贷：实收资本—A公司　　　　　　300 000

## 二、短期借款的核算

短期借款指企业向银行借入的期限在一年以下的各种借款。短期借款为企业的一项负债，该项负债不但需按期还本，还需按规定的利率支付利息。

企业应设置“短期借款”账户核算短期借款本金。该账户为负债类账户。收到借款本金，表示负债增加，记该账户的贷方。借款到期归还本金，表示负债减少，记该账户的借方。期末余额在贷方，表示尚未到期的短期借款本金。该账户应按借款银行设置明细账，进行明细核算。

企业应设置“应付利息”账户核算已计入费用但尚未付的利息。该账户为负债类账户。期末将本期应负担的利息费用计入费用，但计提的利息尚未到期，表示应付利息负债增加，应记入该账户的贷方。利息到期日，支付已计提的利息，表示应付利息负债的减少，应记入该账户的借方。该账户期末余额在贷方，表示已计提尚未到期支付的利息。该账户应按借款银行设置明细账，进行明细核算。

企业应设置“财务费用”账户来核算利息费用等筹资费用。该账户为损益类账户中的费用类账户。每期确认本期应负担的利息费用，表示财务费用的增加，应记入该账户的借方。月末应将借方余额转入本年利润，转出财务费用，表示财务费用的减少，应记入该账户的贷方。该账户月末无余额，按费用项目进行明细核算。

### （一）收到短期借款本金

企业收到短期借款本金，存入银行，表示银行存款增加，应记入“银行存款”账户的借方；同时表示短期借款本金增加，应记入“短期借款”账户贷方。

借：银行存款　　　　　×××

　贷：短期借款　　　　　×××

例：某企业2012年3月收到银行期限为6个月，到期还本付息的借款120 000元，年利率为8%，存入银行。则该企业应编制如下会计分录：

借：银行存款　　　　120 000

　贷：短期借款　　　　120 000

### （二）计提短期借款利息

短期借款的利息支付方式较灵活，可以是按月支付，也可以是按季支付，也可以是到期与本金一起支付。为了正确归集费用，无论利息是否按月支付，均应将本月应负担的利息费用计入当月的费用中。

计提借款利息，是指本期不需要支付利息，但需将本期应负担的借款利息费用计入当期的财务费用中。已计入费用尚未支付的利息为应付利息。此项经济业务表示财务费用增加，应记入“财务费用”账户的借方；同时表示应付利息增加，应记入“应付利息”账户的贷方。

借：财务费用　　　　　×××

　　贷：应付利息　　　　　×××

例：接上例，该项借款的利息到期日为2012年9月，利息总额为120 000×8%÷2=4 800元。该企业应在3~9月每月末计提4 800÷6=800元利息费用，编制如下会计分录：

借：财务费用　　　　800

　　贷：应付利息　　　　800

（三）支付利息

短期借款的利息支付均发生在利息到期日。在利息到期日前，企业应按月将本月应负担的利息费用计入本月的费用中，形成应付利息。利息到期日用银行存款支付到期利息时，表示应付利息的减少，应记入“应付利息”账户的借方；同时表示银行存款减少，应记入“银行存款”账户的贷方。

借：应付利息　　　　×××

　　贷：银行存款　　　　×××

【例】接上例，企业3~9月每月计提利息800元，记入各月的财务费用中，同时记入“应付利息”账户的贷方。利息到期日，“应付利息”账户的贷方余额为800×6=4 800元，为此项借款应付的利息总额。则该企业支付利息应做如下会计分录：

借：应付利息　　　　4 800

　　贷：银行存款　　　　4 800

若利息按月于每月末支付，则可以将上述计提利息业务和支付利息业务合并处理。月末本月利息到期时，用银行存款支付，表示银行存款减少，应记入“银行存款”账户的贷方；同时表示当月财务费用的增加，应记入“财务费用”账户的借方。

借：财务费用　　　　×××

　　贷：银行存款　　　　×××

【例】某企业2012年5月借入期限为6个月，到期还本，按月付息借款500 000元，年利率为9%。则该企业每月末应支付利息500 000×9%÷12=3 750元，编制如下会计分录：

借：财务费用　　　　3 750

　　贷：银行存款　　　　3 750

需要说明的是，如果借款利息金额较小，且利息费用属于同一会计年度，也可以不按月计提利息，在利息到期时直接计入当期的财务费用。

【例】接前例，该企业可不按月计提借款利息，在利息到期日2012年9月支付利息时，将应付利息总额4 800元直接记入当月的财务费用中，编制如下会计分录：

借：财务费用　　　　4 800

　　贷：银行存款　　　　4 800

值得注意的是，若利息费用不属于同一会计年度，则应当在跨年度的年末计提当年度的利息费用，其余的利息费用在下年度支付时直接计入财务费用。

【例】某企业2011年10月借入期限为6个月，到期还本付息的借款120 000元，年利率为8%。该企业财务制度规定借款利息按年计提，可不按月计提。则该企业2011年10月末及11月末不做计提利息的处理，2011年12月末应计提利息120 000×8%÷12×3=2 400元，编制如下会计分录：

借：财务费用　　　　2 400

　　贷：应付利息　　　　2 400

2012年3月借款利息到期日，应付利息总额为120 000×8%÷12×6=4 800元。上年度已确认利息费用2 400元，本年度支付时应确认2 400元。编制如下会计分录：

借：财务费用　　　　2 400

　　应付利息　　　　2 400

　　贷：银行存款　　　　4 800

（四）到期还本

借款本金到期用银行存款归还时，表示短期借款本金减少，应记入“短期借款”账户的借方；同时表示银行存款减少，应记入“银行存款”账户的贷方。

借：短期借款　　　　×××

　　贷：银行存款　　　　×××

若借款到期时，还需同时支付到期利息，则可以将支付利息业务和归还本业务合并进行处理。支付本息表示银行存款减少，记入“银行存款”账户的贷方；归还本金表示短期借款本金减少，应记入“短期借款”账户的借方；支付已计提的利息表示应付利息减少，应记入“应付利息”账户的借方。

借：短期借款　　　　×××

　　应付利息　　　　×××

　　贷：银行存款　　　　×××

【例】A企业2012年5月1日从银行借入期限为3个月的借款20 000元，借款年利率为6%，到期还本付息。若A企业财务制度规定借款利息按月核算。

A企业应编制的相关会计分录如下：

(1)2012年5月1日收到借款

借:银行存款 20 000

贷:短期借款 20 000

(2)5月末、6月末及7月末计提借款利息:

每月应计提利息费用=20 000×6%÷12=100元

借:财务费用 100

贷:应付利息 100

(3)8月1日借款到期还本付息:

借:短期借款 20 000

应付利息 300

贷:银行存款 20 300

若A企业财务制度规定利息费用按年核算。则A企业应编制如下相关会计分录:

(1)2012年5月1日收到借款:

借:银行存款 20 000

贷:短期借款 20 000

(2)8月1日借款到期还本付息:

借:短期借款 20 000

财务费用 300

贷:银行存款 20 300

【例】A企业2012年4月30日借入为期3个月的借款50 000元,借款年利率为6%,到期还本,按月付息。

A企业应编制的相关会计分录如下:

(1)4月30日收到借款:

借:银行存款 50 000

贷:短期借款 50 000

(2)4月末、5月末支付借款利息:

每月应支付利息=50 000×6%÷12=250元

借:财务费用 250

贷:银行存款 250

(3)月末借款到期还本付息:

借:短期借款 50 000

财务费用 250

贷:银行存款 50 250

【例】B企业2011年11月15日借入期限为6个月的借款120 000元，年利率为8%。到期还本，按季付息。该企业财务制度规定借款利息按年核算。

B企业应编制的相关会计分录如下：

(1)2011年11月15日收到借款：

借：银行存款　　　　120 000

　贷：短期借款　　　　　120 000

(2)2011年12月末支付本季度利息：

应付利息=120 000×8%÷12×1.5=1 200

借：财务费用　　　　1 200

　贷：银行存款　　　　1 200

(3)2012年5月15日借款到期还本付息：

应付利息=120 000×8%÷12×4.5=3 600

借：短期借款　　　　120 000

　财务费用　　　　　3 600

　贷：银行存款　　　　　123 600

若上例借款为到期还本利息，其余不变。则B公司应编制如下相关会计分录：

(1)2011年11月15日收到借款：

借：银行存款　　　　120 000

　贷：短期借款　　　　　120 000

(2)2011年12月末计提本年度利息费用：

应计提利息费用=120 000×8%÷12×1.5=1 200

借：财务费用　　　　1 200

　贷：应付利息　　　　1 200

(3)2012年5月15日借款到期还本付息：

应计提利息费用=120 000×8%÷12×4.5=3 600

借：短期借款　　120 000

　财务费用　　　3 600

　应付利息　　　1 200

　贷：银行存款　　　124 800

## 三、原材料的核算

企业应设置“原材料”账户来核算库存原材料的成本。该账户为资产类账户。原材料入库，表示库存原材料增加，应记入该账户的借方。发出原材料，表示库存原材料减少，应记入该账户的贷方。期末余额在借方，表示期末库存材料的成本。该账户应按库存材料种类设置明细账，进行明细核算。

企业应设置"应付账款"账户来核算因采购材料等经营业务形成的欠款。该账户为负债类账户。采购材料款未付，表示应付账款的增加，应记入该账户的贷方；归还欠款时，表示应付账款的减少，应记入该账户的借方。期末余额在贷方，表示应付账款的总额。该账户应按应付单位名称设置明细账，进行明细核算。

为了反映应交增值税的增减变化，企业应在"应交税费"总账科目下设"应交增值税"专用明细账。"应交税费—应交增值税"账户为负债类账户。采购原材料取得专用发票，支付的增值税为增值税进项税额，相当于已交的增值税，应计入"应交税费—应交增值税"账户的借方，表示应交税费减少，并在借方单独设项反映为进项税额。

企业应设置"生产成本"账户核算产品的生产成本。该账户为成本类账户。将生产产品所耗的材料成本、人工成本等计入产品生产成本，表示生产成本增加，应记入该账户的借方。产品生产完工入库，应将产品的生产成本转为库存商品成本，结出生产成本，表示生产成本减少，应记入该账户的贷方。该账户期末若有余额，表示期末未完工的产品成本。该账户应按产品品种设置明细账，并按成本项目进行明细核算。

企业应设置"制造费用"账户来核算生产费用中除直接材料、直接人工以外的各项生产费用。该账户为成本类账户。费用发生，表示制造费用增加，应记入该账户的借方。制造费用借方归集的生产费用在月末应转入生产成本账户，转出制造费用，相当于制造费用减少，应记该账户的贷方。该账户月末无余额。该账户应按车间设置明细账户，并按费用项目进行明细核算。

企业应设置"管理费用"账户用来核算企业经营管理活动发生的各项费用。该账户为损益类账户中的费用类账户。发生管理费用时，表示管理费用增加，应记入该账户的借方。月末应将借方余额转入本年利润，转出管理费用，相当于管理费用的减少，应记入该账户的贷方。该账户月末无余额。该账户应按费用项目进行明细核算。

(一)原材料采购成本的计算

我国增值税法规定，企业按经营规模大小及会计核算健全与否划分，可分为一般纳税企业和小规模纳税企业，现仅说明增值税一般纳税企业的原材料采购业务。

增值税一般纳税企业，采购材料取得增值税专用发票时，其采购成本为采购过程中发生的除增值税以外的其他各项支出总和，具体包括原材料的买价、运杂费等。采购原材料支付的增值税，不计入原材料成本，称为增值税进项税额，单独设账反映。若采购材料取得普通发票时，则支付的增值税应计入原材料的采购成本中。

【例】甲公司为增值税一般纳税企业。2012年5月甲公司采购一批原材料，取得增值税专用发票，发票上注明价款30 000元，增值税5 100元。甲公司为采购该批原材料另付运杂费1 200元。款已通过银行存款支付,料已验收入库。

该批原材料采购成本=30 000+1 200=31 200元

发票上注明的增值税5 100元,不计入材料成本,应记作应交增值税的进项税额。

(二)支付采购款,同时收到材料并验收入库

用银行存款支付采购款,表示银行存款减少,应记入"银行存款"账户贷方;收到原材料,表示原材料增加,应记入"原材料"账户的借方;采购原材料取得专用发票,支付的增值税应记入"应交税费—应交增值税"账户借方的(进项税额)项目,表示进项税额的增加,应交增值税的减少。

借:原材料　　×××
　应交税费—应交增值税(进项税额)　　×××
　贷:银行存款　　×××

例:承上例,甲公司应编制如下会计分录:

借:原材料　　31 200
　应交税费—应交增值税(进项税额)　　5 100
　贷:银行存款　　36 300

(三)材料收到验收入库时,款未支付

1. 收到材料,表示原材料增加,应将原材料采购成本记入"原材料"账户的借方;款未付,表示应付账款增加,应将应付款项记入"应付账款"账户的贷方;采购原材料取得专用发票,支付的增值税应记入"应交税费—应交增值税"账户借方的(进项税额)项目,表示进项税额的增加,应交增值税的减少。

借:原材料　　×××
　应交税费—应交增值税(进项税额)　　×××
　贷:应付账款　　×××

2. 用银行存款支付前欠购料款时,表示银行存款减少,应记入"银行存款"账户的贷方;同时表示应付账款减少,应记入"应付账款"账户的借方。

借:应付账款　　×××
　贷:银行存款　　×××

例:甲公司为增值税一般纳税企业,2012年3月采购材料一批,取得增值税专用发票,发票上注明价款40 000元,增值税6 800元。收到材料时,因存款不足,未付款。4月,支付采购材料的欠款。

甲公司应编制如下相关会计分录:

3月收到采购材料时:

借:原材料　　　　　　　　　　　　　　40 000

　应交税费—应交增值税(进项税额)　　　6 800

　贷:应付账款　　　　　　　　　　　　　　46 800

4月支付欠款时:

借:应付账款　　　　46 800

　贷:银行存款　　　　46 800

(四)发出原材料的核算

企业发出原材料,应按发出材料的用途,将发出材料的成本记入相应的成本费用中。生产产品领用的材料成本属于生产费用中的直接材料费,应记入“生产成本”账户;生产车间一般消耗领用的材料成本属于生产费用中直接材料、直接人工以外的生产费用,应记入“制造费用”账户;行政管理部门领用的材料成本属于经营管理费用,应记入“管理费用”账户。

发出原材料,表示原材料减少,应记入“原材料”账户的贷方;同时表示成本、费用的增加,按用途分别计入“生产成本”、“制造费用”、“管理费用”账户的借方。

借:生产成本　　　　×××

　制造费用　　　　×××

　管理费用　　　　×××

　贷:原材料　　　　　×××

【例】2012年5月甲公司发出材料的成本为32 000元,其中生产产品耗用25 000元,生产车间一般消耗用5 000元,行政管理部门耗用2 000元。

甲公司应编制如下会计分录:

借:生产成本　　　　25 000

　制造费用　　　　5 000

　管理费用　　　　2 000

　贷:原材料　　　　　32 000

## 四、固定资产的核算

固定资产指企业的厂房、设备、车辆等各种财产物资。固定资产一般价值较高;使用期限较长,一般在一年以上,可供企业长期使用。

在会计上,把固定资产的取得成本称为固定资产原值。因固定资产使用时间较长,为正确核算费用,应将固定资产原值分期计入各项成本费用中,已计入成本费用中的固定资产价值称为累计折旧。固定资产原值与累计折旧的差额,为未计入成本费用中的固定资产价值,称为固定资产净值。例某企业购入机器,买价等相关费用共计500 000元。该机器的使用寿命为10年。若不考虑其他因素，该机器每年的折旧费应为500 000÷10=50 000元。该固定资产原值为500 000元。第一年末的累计折旧为50 000元，固定资产净值为450 000元。第二年末的累计折旧为100 000元，固定资产净值为400 000元。

为了核算的需要，会计上分别设置了“固定资产”账户和“累计折旧”账户。

企业应设置“固定资产”账户核算固定资产的原值。购入固定资产，表示固定资产增加，应记入该账户的借方。出售固定资产或固定资产报废，表示固定资产减少，应记入该账户的贷方。期末余额在借方，表示固定资产的原值总额。该账户应按固定资产种类设置明细账户，进行明细核算。

企业应设置“累计折旧”账户核算固定资产累计已计入成本费用中的价值。该账户为资产类账户。计提折旧，表示累计折旧的增加，固定资产价值减少，记该账户的贷方。出售固定资产时，应将该固定资产的累计折旧转出，累计折旧转出相当于累计折旧的减少，应记入该账户的借方。期末余额在贷方，表示固定资产累计折旧额。该账户可不进行明细核算，也可按固定资产种类设置明细账，进行明细核算。

### （一）购入固定资产的成本

购入固定资产的成本为购买固定资产发生的各项支出总和，具体包括买价、增值税及运杂费等。需要注意的是，购入机器设备等生产经营用固定资产，且取得专用发票时，支付的增值税可不计入固定资产成本，计作应交增值税的进项税额。但若购入的不是机器设备等生产经营用固定资产或购入机器设备取得的是增值税普通发票，则支付的增值税，应计入成本。

### （二）购入固定资产的核算

以银行存款购入固定资产，表示银行存款（资产）减少，应记入“银行存款”账户的贷方；同时表示固定资产（资产）增加，应记入“固定资产”账户的借方。购入机器设备等生产经营用固定资产，取得增值税专用发票，支付的增值税为增值税进项税额，应记入“应交税费—应交增值税（进项税额）”账户的借方，表示进项税额的增加及应交税费的减少。

借：固定资产　　　　　　　　　　　×××

　　应交税费—应交增值税（进项税额）　×××

　　贷：银行存款　　　　　　　　　　　×××

【例】甲公司为增值税一般纳税企业。甲公司购入一台设备，取得增值税专用发票，发票上注明价款200 000元，增值税34 000元。甲公司另付运杂费30 000元。款已用银行存款支付。

固定资产成本（原值）=200 000+30 000=230 000元

编制如下会计分录：

借:固定资产　　　　　　　　　　　230 000

　应交税费—应交增值税(进项税额)　　34 000

　贷:银行存款　　　　　　　　　　　　264 000

【例】乙公司为增值税一般纳税企业,购入一辆管理用小汽车,取得增值税专用发票,价款300 000元,增值税51 000元。另付购置税等相关费用共计35 000元。款已用银行存款支付。

固定资产成本(原值)=300 000+51 000+35 000=386 000元

编制如下会计分录:

借:固定资产　　　　　　　386 000

　贷:银行存款　　　　　　　　386 000

(三)固定资产折旧的核算

固定资产的成本应在其使用期间内,逐期转入成本费用中,我们称其为固定资产折旧。

固定资产折旧费应按固定资产用途分别计入不同的成本费用中,生产用固定资产折旧费用属于生产费用中除直接材料、直接人工以外的生产费用,应计入“制造费用”账户;行政管理用固定资产折旧费属于经营管理费用,应计入“管理费用”账户。

固定资产折旧费应按月核算。每月计提固定资产折旧费,是指每月末将本月应负担的固定资产折旧费计入到当月的成本费用中,反映固定资产价值的转移。固定资产折旧费计入成本费用,表示成本费用的增加,应按费用性质记入“制造费用”“管理费用”等账户的借方;同时表示固定资产累计折旧的增加,应记入“累计折旧”账户的贷方。

借:制造费用　　　　×××

　管理费用　　　　×××

　贷:累计折旧　　　　×××

【例】甲公司2012年5月末计提本月固定资产折旧费3 400元,其中车间用固定资产折旧费2 400元,行政用固定资产折旧费1 000元。

甲公司应编制如下会计分录:

借:制造费用　　　　2 400

　管理费用　　　　1 000

　贷:累计折旧　　　　3 400

## 五、工资的核算

工资是企业支付给职工的劳动报酬,在会计上通过“应付职工薪酬—工资”账户进行核算。“应付职工薪酬—工资”账户是负债类账户。实际工作中,每月发放的工资实际为上月应发工资。为了正确核算费用,月末应将本月工资费用计入成本费用中,形成应付工资，表示应付工资的增加，应记入该账户的贷方；下月发放工资时，表示应付工资的减少，应记入该账户的借方。期末余额在贷方，表示已计入成本费用的应付工资。该账户应按职工类别设置明细账户，进行明细核算。

(一)工资发放的核算

企业发放工资，可以以银行存款直接发放工资，也可以从银行提取现金，以现金发放工资。以银行存款直接发放工资，表示银行存款减少，应记入“银行存款”账户的贷方；同时表示应付工资的减少，应记入“应付职工薪酬—工资”账户的借方。

借：应付职工薪酬—工资　　×××

　贷：银行存款　　×××

以现金发放工资，应先提取现金，提取现金时，表示库存现金增加，应记入“库存现金”账户的借方；同时表示银行存款减少，应记入“银行存款”账户的贷方。以现金发放工资时，表示库存现金减少，应记入“库存现金”账户的贷方；同时表示应付工资减少，应记入“应付职工薪酬—工资”账户的借方。

借：库存现金　　×××

　贷：银行存款　　×××

借：应付职工薪酬—工资　　×××

　贷：库存现金　　×××

【例】某企业2012年2月发放1月份工资130 000元，其中需以现金发放的工资为30 000元，提现发放。其余100 000元以银行存款直接发放。则该企业应做如下相关会计分录：

借：库存现金　　30 000

　贷：银行存款　　30 000

借：应付职工薪酬—工资　　130 000

　贷：库存现金　　30 000

　　银行存款　　10 0000

(二)工资分配的核算

工资分配是指月末应将本月应付职工工资按职工工作性质的不同，分配计入不同的成本费用中，形成应付工资。其中，生产工人的工资，属于生产费用中的直接人工费，应计入“生产成本”账户；车间管理人员的工资属于生产费用中除直接材料、直接人工以外的生产费用，应计入“制造费用”账户；行政管理人员工资属于经营管理费用，应计入“管理费用”账户。

每月末分配工资，将本月应付工资分配计入成本费用中，并形成应付工资，表示成本费用增加，应记入“生产成本”、“制造费用”、“管理费用”等账户的借方；同时表示应付工资的增加,应记入“应付职工薪酬—工资”账户的贷方。

借:生产成本　　　　×××
　制造费用　　　　×××
　管理费用　　　　×××
　贷:应付职工薪酬—工资　　×××

【例】甲公司2012年5月应付职工工资为65 000元,其中生产工人工资43 000元,车间管理人员工资10 000元,行政管理人员工资12 000元。甲公司6月20日从银行提取现金65 000元,并于当日发放5月份工资65 000元。

甲公司应编制的相关会计分录如下:

1. 5月30日,分配工资:

借:生产成本　　　　43 000
　制造费用　　　　10 000
　管理费用　　　　12 000
　贷:应付职工薪酬—工资　　65 000

2. 6月20日,提取现金,发放工资:

借:库存现金　　　　65 000
　贷:银行存款　　　　65 000

借:应付职工薪酬—工资　　65 000
　贷:库存现金　　　　65 000

## 六、差旅费的核算

企业职工出差,经领导批准,可从企业借款,作为差旅费;出差回来,应按期报销已使用的差旅费。对多借剩余的差旅费应在报销时退还企业;对少借的差旅费应在报销时由企业补付。 职工借款应通过“其他应收款”账户核算。职工从企业借款,表示其他应收款增加,应记入该账户的借方。职工报销差旅费及归还借款,表示其他应收款减少,应记入该账户的贷方。期末余额在借方,表示其他应收款的总额。该账户应按借款人设置明细账户,进行明细核算。

### (一)借差旅费的核算

职工出差借差旅费时,经领导批准,财务应以现金支付。此项经济业务表示职工借款增加,应记入“其他应收款”账户的借方;同时表示库存现金减少,应记入 “库存现金”账户的贷方。

借:其他应收款　　　×××
　贷:库存现金　　　×××

(二)报销差旅费的核算

报销差旅费,是指职工出差归来后,应在规定的期限内,根据车票、住宿费发票等相关单据填制费用报销单,经领导批准后,到财务办理借款的核销手续。职工报销的差旅费,应按职工工作性质,分别计入相关成本费用中。其中车间管理人员的差旅费属于生产费用中除直接材料、直接人工以外的生产费用,应计入“制造费用”账户;行政管理人员的差旅费属于经营管理费用,应计入“管理费用”账户。

职工出差归来报销差旅费,将报销差旅费计入成本费用中,表示成本费用增加,应记入“制造费用” 、“管理费用”等账户的借方;同时应核销该职工的差旅费借款,表示职工借款减少,应记入“其他应收款”账户的贷方。

值得注意的是,报销的差旅费与差旅费借款往往会不一致,应以现金多退少补。若报销的差旅费小于差旅费借款,职工应退回剩余的差旅费借款,则企业还应同时反映“库存现金”的增加,记入借方;若报销的差旅费大于差旅费借款,企业应以现金补付,还应同时反映“库存现金”的减少,记入贷方。

1. 报销差旅费,不退不补,应编制如下会计分录:

借:管理费用或制造费用　　×××

　贷:其他应收款　　×××

2. 报销的差旅费小于差旅费借款,同时收回职工退回的现金,应编制如下会计分录:

借:管理费用或制造费用　　×××

　库存现金　　×××

　贷:其他应收款　　×××

3. 报销的差旅费大于差旅费借款,同时以现金补付职工差旅费,应编制如下会计分录:

借:管理费用或制造费用　　×××

　贷:其他应收款　　×××

　　库存现金　　×××

【例】甲公司办公室李某于2012年6月从公司借差旅费2 500元,公司以现金支付。7月李某出差归来,实际报销差旅费2 100元,退回余款400元。

甲公司相关会计分录如下:

6月李某借差旅费时:

借:其他应收款　　2 500

　贷:库存现金　　2 500

7月李某报销差旅费,退回余款时:

借:管理费用　　　　2 100
　库存现金　　　　400
　贷:其他应收款　　　　2 500

【例】甲公司车间主任张某2012年7月从公司借差旅费2 600元,公司以现金支付。当月张某出差归来,实际报销差旅费2 800元,公司补付张某200元。

甲公司相关会计分录如下:

7月张某借差旅费时:

借:其他应收款　　　　2 600
　贷:库存现金　　　　2 600

当月张某报销差旅费,公司补付张某200元时:

借:制造费用　　　　2 800
　贷:其他应收款　　　　2 600
　　库存现金　　　　200

## 七、办公费的核算

办公费是企业各管理部门进行生产经营管理活动过程中发生的办公性质的各项费用。企业发生的办公费,应在费用发生时,按费用用途分别核算。行政管理部门发生的办公费,属于经营管理费用,应计作"管理费用";车间发生的办公费,属于生产费用中除直接材料、直接人工以外的生产费用,应计作"制造费用"。

企业以现金或银行存款支付办公费用时,应将支付的办公费按用途分别计入成本费用中,表示成本费用的增加,应记入"管理费用"或"制造费用"账户的借方;同时表示库存现金或银行存款的减少,应记入"库存现金"或"银行存款"账户的贷方。

借:管理费用或制造费用　　　　×××
　贷:库存现金　　　　×××

【例】甲公司2012年6月以现金支付生产车间办公用品费50元。

甲公司应编制如下会计分录:

借:制造费用　　　　50
　贷:库存现金　　　　50

【例】甲公司2012年6月以银行存款支付办公室书报费240元。

甲公司应编制如下会计分录:

借:管理费用　　　　240
　贷:银行存款　　　　240

## 八、生产费用的核算

生产费用是指企业在生产产品过程中发生的各项耗费,具体包括直接材料费、直接人工费、固定资产折旧费、水费、电费、车间办公费等各项费用。

制造费用是指生产费用中除直接材料费与直接人工费以外的其他各项生产费用。

生产费用
- 直接材料费:生产产品领用的原材料成本
- 直接人工费:生产产品工人的工资及福利费
- 制造费用
  - 生产车间固定资产折旧费
  - 生产车间管理人员的职工薪酬
  - 生产车间办公费等

企业应设置“生产成本”账户与“制造费用”账户,来登记企业发生的各项生产费用。生产费用中的直接材料费与直接人工费在发生时,应直接计入 “生产成本”账户;除直接材料费与直接人工费以外的各项生产费用在发生时应计入“制造费用”账户。因制造费用属于生产费用,应计入产品成本中,所以月末应将归集的“制造费用”转入“生产成本”账户中。

(一)生产产品领用原材料的成本

生产产品领用原材料的成本,为直接材料费,应直接计入“生产成本”账户。此项经济业务,表示生产成本的增加,应记入“生产成本”账户的借方;同时表示库存材料的减少,应记入“原材料”账户的贷方。

借:生产成本　　　　×××

　贷:原材料　　　　×××

例:甲公司2012年6月生产A产品领用原材料一批,成本5 400元。

甲公司应编制如下会计分录:

借:生产成本　　　　5 400

　贷:原材料　　　　5 400

(二)分配生产工人的工资

生产工人的工资为直接人工费,应直接分配计入“生产成本”账户。此项经济业务,表示生产成本增加,应记入“生产成本”账户的借方;计入成本的工资一般在下月发放,所以形成应付工资的增加,应记入“应付职工薪酬—工资”账户的贷方。

借:生产成本　　　　×××

　贷:应付职工薪酬—工资　　　　×××

【例】甲公司2012年6月生产A产品工人的工资为2 800元,分配计入成本。

甲公司应编制如下会计分录:

借：生产成本 2 800

贷：应付职工薪酬—工资 2 800

(三)计提生产车间固定资产折旧费

生产车间固定资产折旧费应计入“制造费用”账户。此项经济业务，表示制造费用增加，应记入“制造费用”账户的借方；同时表示固定资产累计折旧的增加，应记入“累计折旧”账户的贷方。

借：制造费用 ×××

贷：累计折旧 ×××

【例】甲公司2012年6月生产车间固定资产折旧费为360元。

甲公司应编制如下会计分录：

借：制造费用 360

贷：累计折旧 360

(四)支付生产车间办公费

生产车间发生的办公费应计入“制造费用”账户。以现金或银行存款支付生产车间各项办公费用时，表示制造费用的增加，应记入“制造费用”账户的借方；同时表示库存现金或银行存款额的减少，应记入“库存现金”或“银行存款”账户的贷方。

借：制造费用 ×××

贷：库存现金或银行存款 ×××

【例】甲公司2012年6月以银行存款支付生产车间办公费140元。

甲公司应编制如下会计分录：

借：制造费用 140

贷：银行存款 140

(五)结转制造费用

结转制造费用是指月末将“制造费用”账户的借方余额转入“生产成本”账户中。企业应通过“生产成本”账户计算产品成本，但为了核算的需要，在生产费用发生时，只将生产费用中的直接材料费及直接人工费计在了“生产成本”账户，除直接材料费及直接人工费以外的各项生产费用并未计入“生产成本”账户，而是计入在了“制造费用”账户。所以，为了计算产品成本，月末应将“制造费用”账户中归集的生产费用转入“生产成本”账户中。此项经济业务，表示生产成本增加，应记入“生产成本”账户的借方；同时表示制造费用的转出，相当于制造费用的减少，应记入“制造费用”账户的贷方。

借：生产成本 ×××

贷：制造费用 ×××

【例】承前例,甲公司结转2012年6月制造费用500元。

甲公司应编制如下会计分录:

借:生产成本　　　　500

　贷:制造费用　　　　500

制造费用

| 借 | 贷 |
|---|---|
| 360<br>140 | 500 |
| 本月借方 500 | 本月贷方 500 |

(六)结转完工产品成本

结转完工产品成本是指月末将完工产品的成本由"生产成本"账户转入"库存商品"账户中。此项经济业务,表示库存商品增加,应记入"库存商品"账户的借方;转出生产成本,相当于生产成本的减少,应记入"生产成本"账户的贷方。

借:库存商品　　　　×××

　贷:生产成本　　　　×××

【例】承前例,甲公司2012年6月生产的A产品全部完工入库,且A产品无月初、月末余额。结转完工A产品的成本8 700元。

甲公司会计分录如下:

借:库存商品　　　　8 700

　贷:生产成本　　　　8 700

生产成本

| 借 | 贷 |
|---|---|
| 5 400<br>2 800<br>500 | 8 700 |
| 本月借方 8 700 | 本月贷方 8 700 |

## 九、销售产品的核算

(一)销售收入的核算

企业销售产品收取的全部款项包括价款和应交增值税两部分。增值税一般纳税企业，销售产品形成的应交增值税，称为增值税销项税额。按财务制度的规定，增值税销项税额不得计入收入中，而应单独核算，计入“应交税费—应交增值税（销项税额）”账户的贷方。销售产品的价款为销售收入，应计入“主营业务收入”账户。

企业应设置“主营业务收入”账户来核算销售产品实现收入。该账户为损益类账户中的收入类账户。企业销售产品，实现销售收入为收入增加，记入该账户贷方。月末为计算利润，应将本月归集的主营业务收入转入“本年利润”账户，转出主营业务收入，相当于主营业务收入的减少，就计入该账户的借方。该账户无月末余额。该账户应按销售产品的种类设置明细账，进行明细核算。

企业应设置“应收账款”账户来核算产品已销未收回的贷款。该账户为资产类账户。销售产品时款未收到，表示应收账款增加，应记入该账户的借方。收回销售款时，表示应收账款减少，应记入该账户的贷方。该账户月末余额在借方，表示尚未收回的销售款。该账户应按应收单位设置明细账，进行明细核算。

1. 销售产品时，同时收到销售款

销售产品，表示主营业务收入增加，应记入“主营业务收入”账户的贷方；同时表示应交增值税销项税额增加，应记入“应交税费—应交增值税（销项税额）”账户的贷方。收到销售款，存入银行，表示银行存款增加，应记入“银行存款”账户的借方。

借：银行存款　　　　　　　　　　　　×××

　　贷：主营业务收入　　　　　　　　　　×××

　　　　应交税费—应交增值税（销项税额）　×××

【例】甲公司为增值税一般纳税企业。2012年6月甲公司销售一批产品，开出增值税专用发票，发票上注明价款30 000元，增值税5 100元，共计35 100元。产品已发出销售，款已收到，存入银行。

甲公司应编制如下会计分录：

借：银行存款　　　　　　　　　　　　35 100

　　贷：主营业务收入　　　　　　　　　　30 000

　　　　应交税费—应交增值税（销项税额）　5 100

2. 销售产品时，未收到销售款

销售产品，表示主营业务收入增加，应记入“主营业务收入”账户的贷方；同时表示应交增值税销项税额增加，应记入“应交税费—应交增值税（销项税额）”账户的贷方。未收到销售款，表示应收账款增加，应记入“应收账款”账户的借方。收到销售款，存入银行，表示银行存款增加，应记入“银行存款”账户的增加，同时表示应收账款的减少，应记入“应收账款”账户的贷方。

销售时应编制如下会计分录：

借:应收账款　　　　　　　　　　×××

　　贷:主营业务收入　　　　　　　　×××

　　　　应交税费—应交增值税(销项税额)　　×××

收款时应编制如下会计分录:

借:银行存款　　　　×××

　　贷:应收账款　　　　×××

【例】甲公司为增值税一般纳税企业。2012年6月甲公司销售一批产品,开出增值税专用发票,发票上注明价款60 000元,增值税10 200元,共计70 200元。产品已发出,款未收到。8月收到该批销货款70 200元,存入银行。

甲公司应编制如下相关会计分录:

6月销售产品时:

借:应收账款　　　　　　　　　　70 200

　　贷:主营业务收入　　　　　　　　　60 000

　　　　应交税费—应交增值税(销项税额)　　10 200

8月收到销货款时:

借:银行存款　　　　70 200

　　贷:应收账款　　　　70 200

(二)结转已销产品成本

结转已销产品的成本,就是将已销售的产品成本,由"库存商品"账户结转到"主营业务成本"账户。

企业应设置"主营业务成本"账户来核算已销产品成本。该账户属损益账户中的费用类账户。销售产品,表示库存商品减少,已销产品成本增加,应记入该账户的借方。为了计算利润,月末应将主营业务成本转入"本年利润"账户,转出主营业务成本,相当于主营业务成本减少,应记入该账户的贷方。该账户月末无余额。该账户可按已销产品种类设置明细账,进行明细核算。

此项业务,表示库存商品减少,应记入"库存商品"账户的贷方;同时表示主营业务成本增加,应记入"主营业务成本"账户的借方。

借:主营业务成本　　　　×××

　　贷:库存商品　　　　×××

【例】甲公司为增值税一般纳税企业。2012年6月甲公司销售产品一批,开出增值税专用发票,发票上注明价款40 000元,增值税6 800元,共计46 800元。产品已发出,款未收到。该批产品成本为32 000元。7月甲公司收到该批销货款,存入银行。

甲公司应编制如下相关会计分录

6月销售产品时：

①借：应收账款　　　　　　　　　　46 800

　　贷：主营业务收入　　　　　　　　　40 000

　　　　应交税费—应交增值税（销项税额）　　6 800

②借：主营业务成本　　　　32 000

　　贷：库存商品　　　　　　32 000

7月收到销货款时：

借：银行存款　　　　　　46 800

　贷：应收账款　　　　　　46 800

## 十、广告费的核算

企业支付的广告费，应计入“销售费用”。企业用银行存款支付广告费，表示销售费用增加，应记入“销售费用”账户的借方；同时表示银行存款减少，应记入“银行存款”账户的贷方。

借：销售费用　　　　×××

　贷：银行存款　　　　×××

【例】甲公司2012年6月支付电视台产品广告费5 200元。

甲公司应编制如下会计分录：

借：销售费用　　　　　5 200

　贷：银行存款　　　　　5 200

## 十一、应交增值税的核算

增值税是指对我国境内销售货物、进口货物，或提供加工、修理、修配劳务的增值额征收的一种税。按照增值税纳税人的经营规模及会计核算的健全程度，增值税纳税人分为一般纳税人和小规模纳税人。

一般纳税人应交增值税=当期销项税额-当期进项税额

增值税一般纳税企业应设置“应交税费—应交增值税”明细账来核算应交增值税额。根据计算需要，在该明细账中设置多栏进行各项目的核算。借方设置“进项税额”、“已交税金”等项目，其中“进项税额”项目核算购入材料、生产经营用固定资产等支付的可予抵扣的增值税；“已交税金”项目核算实际缴纳的增值税。贷方设置“销项税额”等项目，核算销售产品应交的增值税。月末，若不考虑其他因素的影响，本月销项税额减去本月进项税额，为本月应交增值税。该账户属于负债类账户。但月末余额方向不固定，可能在借方，表示留抵的进项税额；也可能在贷方，表示应交未交的增值税。

企业月末计算本月应交增值税，下月初实际交纳。以银行存款实际交纳增值税时，表示应交增值税的减少，应记入“应交税费—应交增值税（已交税金）”账户的借方；同时表示银行存款减少，应记入“银行存款”账户的贷方。

借：应交税费—应交增值税（已交税金） ×××

贷：银行存款 ×××

【例】甲公司为增值税一般纳税企业，2012年8月“应交税费—应交增值税”明细账记录：销项税额合计35万元，进项税额合计20万元。无其他增值税发生额。

甲公司2012年8月应交增值税=35-20=15万元

甲公司2012年9月初交纳8月份的增值税时，应编制如下会计分录：

借：应交税费—应交增值税（已交税金） 150 000

贷：银行存款 150 000

## 十二、应交城市维护建设税的核算

城建维护建设税是以增值税、消费税、营业税为计税依据征收的一种税，简称城建税。

应交城建税=（应交增值税+应交营业税+应交消费税）×城建税税率

企业应交的城市维护建设税，应计入“营业税金及附加”账户。同增值税相同，每月应交的城市维护建设税在下月初实际申报缴纳。企业每月末需计算出本月应交城建税，计入本月的费用中，同时形成应交城建税负债，此项业务，称为月末结转城建税。

企业应设置“营业税金及附加”账户核算应交的营业税、消费税、城建税、教育费附加税等税费。该账户为损益类账户中的费用类账户。月末结转本月的应交税费，表示营业税金及附加的增加，应记入该账户的借方。月末为计算利润，应将该账户的借方余额转入“本年利润”，转出营业税金及附加，相当于营业税金及附加的减少，应记入该账户的贷方。该账户无月末余额，可以不设置明细账，也可按应交税费的种类设置明细账，进行明细核算。

企业应设置“应交税费—应交城建税”核算企业应交的城建税。该账户为负债类账户。月末结转本月应交城建税，表示应交城建税增加，应记入该账户的贷方。下月初实际缴纳时，表示应交城建税减少，应记入该账户的借方。该账户月末余额一般在贷方，表示应交未交的城建税。

月末结转城建税，表示营业税金及附加增加，应记入“营业税金及附加”账户的借方；同时表示应交城建税负债增加，应记入“应交税费—应交城市维护建设税”账户的贷方。

借：主营业务税金及附加 ×××

贷：应交税费—应交城市维护建设税 ×××

实际以银行存款缴纳城市维护建设税时，表示应交城建税减少，应记入“应交税费—

应交城建税"账户的借方;同时表示银行存款减少,应记入"银行存款"账户的贷方。

借:应交税费—应交城市维护建设税　　　　×××

　贷:银行存数　　　　　　　　　　　　　×××

【例】甲公司2012年6月应交增值税为1 000 000元,城建税税率为7%。无应交营业税和消费税。7月初以银行存款缴纳。

甲公司2012年6月应交城建税=1 000 000×7%=70 000元。

甲公司应编制如下相关会计分录:

6月末结转应交城建税:

借:营业税金及附加　　　　　　　　　　70 000

　贷:应交税费—应交城市维护建设税　　　　70 000

7月初实际缴纳:

借:应交税费—应交城市维护建设税　　　70 000

　贷:银行存款　　　　　　　　　　　　　70 000

## 十三、结转收入与费用的核算

结转收入与费用是指为了计算利润,月末将收入类账户与费用类账户的发生额转入"本年利润"账户中。

在我们学习过程中涉及的收入类账户主要是"主营业务收入"账户。结转收入类账户的发生额,是指将"主营业务收入"账户的贷方余额从借方转出,转入"本年利润"账户的贷方。结转后"主营业务收入"账户无余额。

借:主营业务收入　　×××

　贷:本年利润　　　×××

我们学习过程中涉及的费用类账户主要有"主营业务成本"、"营业税金及附加"、"管理费用"、"财务费用"及"销售费用"账户。结转费用类账户的发生额,是指将"主营业务成本"、"营业税金及附加"、"管理费用"、"财务费用"及"销售费用"账户的借方余额从贷方转出,合计转入"本年利润"账户的借方。结转后"主营业务成本"、"营业税金及附加"、"管理费用"、"财务费用"及"销售费用"账户均无余额。

借:本年利润　　　　　　×××

　贷:主营业务成本　　　　×××

　　主营业务税金及附加　×××

　　管理费用　　　　　　×××

　　财务费用　　　　　　×××

　　销售费用　　　　　　×××

【例】甲公司2012年7月“主营业务收入”贷方余额为90 000元；“主营业务成本”借方余额为54 000元；“营业税金及附加” 借方余额为1 000元；“管理费用” 借方余额为3 000元；“财务费用”借方余额为1 000元；“销售费用”借方余额为1 200元。结转收入与费用。

甲公司应编制如下会计分录：

结转本月收入：

借：主营业务收入　　90 000

　贷：本年利润　　90 000

借：本年利润　　60 200

　贷：主营业务成本　　54 000

　　营业税金及附加　　1 000

　　管理费用　　3 000

　　财务费用　　1 000

　　销售费用　　1 200

**关键概念**

实收资本　短期借款　原材料　固定资产　应付账款　财务费用　销售费用　管理费用　应收账款　主营业务收入　主营业务成本　本年利润　生产费用　制造费用

**思考题**

1. 分析短期借款利息的核算方式。
2. 增值税一般纳税企业应交增值税明细账如何设置。
3. 本讲你学到哪些资产科目，哪些负债科目，哪些所有者权益科目。
3. 总结收入账户与费用账户的特点。
4. 分析生产费用与制造费用的关系。
5. 分析生产费用和管理费用的区别。
6. 归纳本讲学到的会计账户中哪些通常期末无余额。

# 第六讲 会计凭证

【学习目标】

通过本讲学习，了解会计凭证的概念、种类；了解原始凭证的概念及其种类；了解记账凭证的概念及其种类。了解这些专业术语，为实操课程做准备。

【知识框架】

主要内容
- 会计凭证的概念 ………………………… 了解
- 会计凭证的种类
  - 原始凭证 ……………… 熟悉
  - 记账凭证 ……………… 熟悉

## 一、会计凭证的概念

会计凭证是记录经济业务发生或完成情况的书面证明，是登记会计账簿的依据。

任何单位在处理任何经济业务时，都必须由执行和完成该项经济业务的有关人员从单位外部取得或自行填制有关凭证，以书面形式记录和证明所发生的经济业务的性质、内容、数量、金额等，并在凭证上签名或盖章，以对经济业务的合法性和凭证的真实性、完整性负责。任何会计凭证都必须经过有关人员的严格审核并确认无误后，才能作为记账的依据。合法地取得，正确地填制和审核会计凭证，是会计核算的基本方法之一，也是会计核算工作的起点，在会计核算中具有重要意义。

## 二、会计凭证的种类

由于经济业务种类繁多，反映经济业务的会计凭证必然也是多种多样的。会计凭证因填制程序、填制方法及其用途不同，其格式和内容也就不同。通常，按其填制的程序和用途，可以将会计凭证分为原始凭证和记账凭证两类。

### （一）原始凭证

原始凭证是指在经济业务发生或完成时取得或填制的，用以记录和证明经济业务的发生或完成情况的书面证明，具有法律效力并作为记账原始依据。原始凭证是会计核算的原始资料和重要依据，实际工作中也称为“单据”。原始凭证的质量决定了会计信息的真实性和可靠性。我国《会计法》第17条规定：会计机构、会计人员对不真实、不合法的原始凭证，不予受理；对记载不准确、不完整的原始凭证，予以退回，要求更正、补充。原始凭证也可依据不同的标准进行分类。

1. 原始凭证按照来源不同,分为外来原始凭证和自制原始凭证。

外来原始凭证是指在经济业务发生或完成时，从其他单位或个人直接取得的原始凭证。如购买原材料取得的增值税专用发票、职工学习支付学费取得的收费收据、职工出差取得的火车票等。

自制原始凭证是指在经济业务发生或完成时，由本单位内部经办业务的部门和人员填制的原始凭证,此类原始凭证仅供单位内部使用。如收料单、领料单、职工借款单、折旧计算表等。

2. 原始凭证按照填制手续及内容不同,分为一次原始凭证、累计原始凭证和汇总原始凭证。

一次原始凭证是指一次填制完成、只记录一项经济业务的原始凭证。它是一次有效的凭证,一经填写完毕就不能再次填写使用。如收据、领料单、收料单、借款单、银行结算凭证等。

累计原始凭证是指在一定时期内多次记录发生的同类经济业务的原始凭证。它是多次有效的原始凭证,可多次填写使用。如限额领料单等。

汇总原始凭证是指对一定时期内发生的同类经济业务的若干原始凭证，按照一定方法汇总以后填制的原始凭证。编制汇总原始凭证可简化记账凭证的编制和账簿的登记工作。如在会计期末根据领料单汇总编制的发出材料汇总表、差旅费报销单等。

(二)记账凭证

记账凭证是由本单位会计人员根据审核无误的原始凭证，按照经济业务的内容加以归类,并据以确定会计分录后所填制的会计凭证,是登记会计账簿的直接依据,又称记账凭单。

原始凭证来自各个方面和经济业务的各个环节,内容和格式不一,且没有标明应借、应贷的会计科目,不仅不能直接在账簿中对业务做出分类和系统记录,而且容易发生差错。因此,为了便于记账、防止差错,在登记账簿以前,有必要根据原始凭证或汇总原始凭证填制记账凭证,明确经济业务的应记账户名称、记账方向和记入金额,然后据以登记账簿。在会计业务中,填制记账凭证实际上就是完成会计分录的编制工作。当然,在会计实务中,也有一些经济业务由于涉及的明细子目较多,业务发生又频繁,为了减少记账凭证的数量及其填制的工作量,也可以直接根据原始凭证登记会计账簿。

虽然原始凭证和记账凭证同属于会计凭证，是整个会计工作的初始阶段和基础环节,但是,二者仍有以下一些区别:原始凭证由本单位或外单位经办人员或部门填制,记账凭证则由本单位会计部门的会计人员填制；原始凭证是经济业务发生情况的原始证明,仅对经济业务做了详细的客观反映或说明,记账凭证则对经济业务做了初步归类整理,明确了经济业务应借、应贷的会计科目、记账方向和发生金额,并可直接作为记账依据;原始凭证的填制或取得以经济业务的实际发生或完成情况为基础,记账凭证在通常情况下则以原始凭证为基础。

记账凭证按照使用范围,可分为通用记账凭证和专用记账凭证。

通用记账凭证是指使用统一的格式,能够记录所有经济业务的记账凭证。格式如下表:

记账凭证

年 月 日　　　　第 号

| 摘要 | 总账科目 | 明细科目 | V | 借方金额 | V | 贷方金额 |
|---|---|---|---|---|---|---|
| | | | | | | |
| | | | | | | |
| | | | | | | |
| 合计 | | | | | | |

会计主管　记账　出纳　审核　制单

专用记账凭证是指使用不同的格式，分别记录不同类型经济业务的记账凭证。按照所反映的内容不同,可分为收款凭证、付款凭证和转账凭证。各种专用记账凭证通常以不同颜色印制。

收款凭证是指用以记录现金或银行存款收款业务的会计凭证。收款凭证根据有关现金和银行存款收入业务的原始凭证填制,是登记有关账簿的依据,也是出纳人员收讫款项的依据。格式如下表:

收款凭证

借方科目:　　　　年 月 日　　　　收字第 号

| 摘要 | 贷方科目 | | V | 金额 |
|---|---|---|---|---|
| | 总账科目 | 明细科目 | | |
| | | | | |
| | | | | |
| | | | | |
| 合计 | | | | |

会计主管　记账　出纳　审核　制单

付款凭证是指用以记录现金或银行存款付款业务的会计凭证。付款凭证根据有关现金和银行存款支付业务的原始凭证填制,是登记有关账簿的依据,也是出纳人员支付款项的依据。格式如下表:

付款凭证

贷方科目： 年 月 日 付字第 号

| 摘要 | 借方科目 | | V | 金额 |
|---|---|---|---|---|
| | 总账科目 | 明细科目 | | |
| | | | | |
| | | | | |
| | | | | |
| 合计 | | | | |

会计主管 记账 出纳 审核 制单

转账凭证是指用以记录不涉及现金和银行存款以外业务的会计凭证。转账凭证根据有关转账业务的原始凭证填制，是登记有关账簿的依据。格式如下表：

转账凭证

年 月 日 转字第 号

| 摘要 | 总账科目 | 明细科目 | V | 借方金额 | V | 贷方金额 |
|---|---|---|---|---|---|---|
| | | | | | | |
| | | | | | | |
| | | | | | | |
| 合计 | | | | | | |

会计主管 记账 出纳 审核 制单

应注意的是，对于同时涉及“现金”和“银行存款”之间的经济业务，为了避免重复记账，一般只编制付款凭证，不编制收款凭证。

收款凭证、付款凭证、转账凭证的划分，有利于区别不同经济业务进行分类管理，有利于经济业务的检查，但工作量较大，适用于规模较大、收付款业务较多的单位。对于经济业务较简单、规模较小、收付款业务较少的单位，可采用通用记账凭证记录所有经济业务。

专用记账凭证和通用记账凭证都是复式记账凭证，其主要特点是将每项经济业务应借、应贷账户的名称、方向和金额都填列在同一张记账凭证上，即记账凭证中包括一笔反映经济业务的全貌和资金来龙去脉的完整会计分录。

有关原始凭证的填制和记账凭证的编制方法在本书的会计操作知识入门中详细说明。

**关键概念**

会计凭证 原始凭证 记账凭证

**思考题**

1. 列举说明常见的原始凭证有哪些种类。

2. 为什么要根据原始凭证编辑记账凭证。

# 第七讲 会计账簿

【学习目标】

通过本讲学习，了解会计账簿的概念、种类；了解各类账簿的适用范围。

【知识框架】

| | | |
|---|---|---|
| 主要内容 | 会计账簿的概念 …………………………… | 了解 |
| | 会计账簿的分类 …………………………… | 熟悉 |

## 一、会计账簿的概念

虽然会计凭证对企业日常发生的经济业务做了初始反映和监督，但是，由于会计凭证的种类和数量较多，而且又很分散，且每张会计凭证一般只反映企业在某一时间所发生的某一项或某一类经济业务的发生情况，只能提供某一时点的动态经济指标，即发生额，不能据以对企业单位在某一时期内的经济业务进行分类和系统的反映和监督。因此，在填制和审核会计凭证的基础上，还必须设置和登记会计账簿。

会计账簿简称账簿，是以经过审核的会计凭证为依据，由一定格式的账页组成的，全面、系统、连续地记录各项经济业务的簿籍。

各单位应当按照国家统一的会计制度的规定和会计业务的需要设置会计账簿。它是会计账户的表现形式。设置和登记账簿是编制会计报表的基础，是连接会计凭证与会计报表的中间环节。

需要说明的是，账簿与账户有着十分密切的联系。账户是根据会计科目开设的，账户存在于账簿之中，账簿中的每一账页就是账户的存在形式和载体，没有账簿，账户就无法存在；然而，账簿只是一个外在形式，账户才是它的真实内容。也可以说，账簿是由若干账页组成的一个整体，而开设于账页上的账户则是这个整体中的个别组成部分，所以账簿和账户的关系是形式和内容的关系。

## 二、会计账簿的分类

(一)按用途分类

账簿按其用途的不同，分为序时账簿、分类账簿和备查账簿三类。

1. 序时账簿也称日记账，是按照经济业务发生时间或完成时间的先后顺序逐日逐笔进行登记的账簿。序时账簿按其记录内容不同,可分为现金日记账和银行存款日记账。

2. 分类账簿,简称分类账,是对发生的全部经济业务按照会计要素的具体类别而设置的分类账户进行登记的账簿。按照总分类账户分类登记经济业务的是总分类账簿,简称总账。按照明细分类账户分类登记经济业务的是明细分类账簿,简称明细账。总分类账提供总括的会计信息,明细分类账提供详细的会计信息,两者相辅相成,互为补充。

分类账簿可以分别反映和监督各项资产、负债、所有者权益、收入、费用和利润的增减变动情况及其结果。分类账簿提供的核算信息是编制会计报表的主要依据。

3. 备查账簿对某些在序时账簿和分类账簿等主要账簿中都不予登记或登记不详细的经济业务进行补充登记的账簿。如:临时租入固定资产备查账、应收票据备查账等。

备查账簿与序时账簿和分类账簿相比,存在两点不同:一是登记依据可能不需要记账凭证,甚至不需要一般意义上的原始凭证;二是账簿的格式和登记方法不同,备查账簿的主要栏目不记录金额,它更注重用文字来表述某项经济业务的发生情况。

(二)按账页格式分类

账簿按账页格式不同,可分为两栏式账簿、三栏式账簿、数量金额式账簿和多栏式账簿四种。

1. 两栏式账簿是指只有借方和贷方两个基本金额栏目的账簿。

2. 三栏式账簿是指有借方、贷方和余额(或收入、付出、余额)三个基本金额栏目的账簿。一般适用于总账、现金日记账、银行存款日记账、反映债权、债务的明细账等。

3. 多栏式账簿是指在账簿的借方栏或贷方栏下按需要分设若干专栏的账簿。专栏设置在借方,还是设在贷方,或是两方同时设专栏,设多少专栏,则根据企业需要确定。一般适用于收入、费用类的明细账。如:管理费用明细账、生产成本明细账、制造费用明细账等。

4. 数量金额式账簿是指账簿的借方、贷方和余额三个栏目内,都分别设置数量栏、单价栏和金额栏的账簿。一般适用于具有实物形态资产的明细账。如:原材料明细账、库存商品明细账等。

(三)按外形特征分类

账簿按外形特征的不同,可分为订本账、活页账和卡片账三种。

1. 订本账是指在启用前就把一定数量的账页固定装订成册,并对账页进行了连续编号的账簿。订本账的优点是能避免账页散失,防止抽换账页,确保账簿资料的完整;缺点是不能准确地为各账户预留账页,预留太多,造成浪费,预留太少,影响连续登记。总账、现金日记账、银行存款日记账必须采用订本账。

2. 活页账是指账簿登记完毕前并不固定装订在一起,而是装在活页账夹中,根据需要随时增减账页的账簿。当账簿登记完毕之后(通常是年末),才将账页予以装订,加具封面,并给各账页连续编号。活页账的优点是记账时可根据实际需要,随时将空白账页装入账簿,或抽出不需用的账页,也便于分工记账;其缺点是如果管理不善,可能会造成账页散失或故意抽换账页。各种明细账多采用活页账。

3. 卡片账是指将账户所需格式印刷在硬卡上的账簿。卡片不用装订成册,通常装在卡片箱内。使用时必须按顺序编号,有专人保管。一般情况下,固定资产明细账采用卡片账。

有关各种账簿的设置方法及登记方法在本册书的会计操作知识入门中做详细说明。

**关键概念**

会计账簿　　序时账簿　　分类账簿　　总账　　明细账

**思考题**

1. 为什么要根据记账凭证登记账簿。
2. 为什么既要建总账,又要建明细账。
3. 为什么要建序时账,它与总账是什么关系。

# 第八讲 财产清查

【学习目标】

通过本讲学习，了解财产清查工作是会计核算的一项重要方法；熟悉各项财产物资的清查方法；掌握银行存款余额调节表的编制方法。

【知识框架】

主要内容
- 财产清查的概念 …… 了解
- 财产清查的意义 …… 了解
- 财产清查的种类 …… 了解
- 现金的清查 …… 熟悉
- 银行存款的清查 …… 重点掌握
- 实物资产的清查 …… 熟悉
- 往来款项的清查 …… 熟悉

## 一、财产清查的概念

财产清查是指通过对货币资金、实物资产和往来款项的盘点或核对，确定其实存数，以查明账存数与实存数是否相符的一种会计核算方法。

造成账实不符的原因是多方面的，如财产保管过程中发生的自然损耗；财产收发过程中由于计量或检验不准，造成多收或少收的差错；由于管理不善、制度不严造成的财产损坏、丢失、被盗；在财簿记录中发生的重记、漏记、错记；由于有关凭证未到，造成结算双方账实不符；以及发生意外灾害等。造成账实不符的原因不同，其会计处理也不同。

## 二、财产清查的意义

1. 可以保证会计核算的真实可靠

通过财产清查，可以确定各项财产物资是否完整，查明实存数与账存数之间的差异以及发生差异的原因，及时调整账面记录，使账存数与实存数一致，从而保证会计核算资料的真实可靠。

2. 有利于挖掘财产物资的潜力，加速资金周转

通过财产清查，可以查明各项财产物资的储备和利用情况，以便采取措施，对储备不足和不配套的账产及时加以解决，对积压、呆滞的财产及时进行处理，从而可以充分挖掘

财产物资的潜力,避免损失浪费,加速资金周转。

3. 有利于保护财产物资的安全完整

通过财产清查,可以查明各项财产物资有无被挪用、贪污、盗窃的情况,以便及时进行调查和处理;可以查明各项财产物资有无因管理不善而造成变质、损失浪费等情况,以便及时采取措施加强管理,从而保护各项财产物资的安全完整。

4. 可以保证财经纪律和结算制度的贯彻执行

通过财产清查,可以检查企业单位对财经纪律的遵守情况,查明与各业务单位往来款的结算情况,发现长期拖欠等不合理的债权、债务,从而促使企业单位及时清理债权、债务,避免坏账损失,并自觉地遵守财经纪律和结算制度。

此外,财产清查还是进行资产评估的一项基础性工作,它对于正确地进行资产评估有着重要的作用。

可见,财产清查不仅是会计核算的一种方法,而且是企业经济管理中不可缺少的一种制度。

## 三、财产清查的种类

### (一)按财产清查的范围,分为全面清查和局部清查

1. 全面清查是指对全部财产进行盘点与核对。全面清查范围大、内容多、时间长、参与人员多。需要进行全面清查的情况主要有:年终决算前;单位撤销、合并或改变隶属关系前;中外合资、国内合资前;企业股份制改制前;开展全面的资产评估、清产核资前;单位主要领导调离工作前等。

2. 局部清查是指根据需要对部分财产物资进行盘点与核对。主要是对货币资金、存货等流动性较大的财产的清查。局部清查范围小、内容少、时间短、参与人员少,但专业性较强。局部清查一般包括下列清查内容:现金应每日清点一次,银行存款每月至少同银行核对一次,债权债务每年至少核对一至两次,各项存货应有计划、有重点地抽查,贵重物品每月清查一次等。

### (二)按财产清查的时间,分为定期清查和不定期清查

1. 定期清查是指根据计划安排的时间对财产物资进行的清查。定期清查一般在期末进行,它可以是全面清查,也可以是局部清查。

2. 不定期清查是指根据实际需要对财产物资所进行的临时性清查。不定期清查一般是局部清查,如改换财产物资保管人员进行的有关财产物资的清查;发生意外灾害等非常损失进行的损失情况的清查;有关部门进行的临时性检查等。

企业在编制年度财务会计报告前,应当全面清查财产、核实债权债务。各单位应当定期将会计账簿记录与实物、款项及有关资料相互核对,保证会计账簿记录与实物及款项

的实有数额相符。

## 四、现金的清查

现金清查采用实地盘点法，即先盘点出现金的实有数，然后与现金日记账的余额进行核对，检查账实是否一致以及盈亏情况。

为了明确经济责任，在盘点现金时，出纳人员必须在场。现金由出纳人员经手盘点，清查人员从旁监督。同时，清查人员还应认真审核现金收付凭证和有关账簿，检查账务处理是否合理合法，账簿记录有无错误，以确定账存与实存是否相符等。盘点结束后，应将现金盘点的结果填列到“现金盘点报告表”内，并由盘点人员和出纳人员盖章。“现金盘点报告表”是反映现金实存数的原始凭证，是查明账实发生差异原因和调整账簿记录的依据。

其一般格式如下表：

现金盘点报告表

单位名称　　　　　　　　　　　　年　月　日

| 实存金额 | 账存金额 | 对比结果 | | 备注 |
|---|---|---|---|---|
| | | 盘盈 | 盘亏 | |
| | | | | |
| | | | | |
| 合计 | | | | |

盘点人签章：　　　　　　　　　　出纳员签章：

## 五、银行存款的清查

银行存款清查是通过与开户银行转来的对账单进行核对，来查明银行存款的实有数额。核对前，应把至清查日止的所有银行存款收入、支出业务登记入账，检查本单位银行存款日记账的正确性和完整性，然后再与银行对账单逐笔核对。清查时，要将企业的银行存款日记账与银行对账单进行逐笔核对，以查明账实是否相符。如果在核对中发现属于企业方面的记账差错，经确定后企业应立即更正；属于银行方面的记账差错，则应通知银行更正。即使双方均无记账错误，企业的银行存款日记账余额与对账单余额也往往不一致，这种不一致一般是由于未达账款造成的。

未达账项，是指银行和本单位之间，对于同一款项的收付业务，由于凭证传递时间和记账时间的不同，发生的一方已经入账而另一方尚未入账的款项。具体包括以下四种情况：

1. 企业已收款入账，而银行尚未收款入账；

2. 企业已付款入账，而银行尚未付款入账；

3. 银行已收款入账，而企业尚未收款入账；

4. 银行已付款入账，而企业尚未付款入账；

上述任何一种情况发生，都会使企业和银行之间存款余额不一致。其中第一种与第四种情况，会使企业银行存款日记账余额大于银行对账单余额；而第二种与第三种情况，则会使企业银行存款日记账余额小于银行对账单余额。因此，在清查银行存款时，如出现未达账项，应通过编制银行存款余额调节表来进行调节。调节表的编制方法一般是在企业与银行双方的账面余额基础上，各自加上对方已收而本单位未收的款项，减去对方已付而本单位未付的款项。经过调节后，双方的余额应相互一致。

下面举例说明“银行存款余额调节表”的编制方法。

【例】甲企业2012年5月31日银行存款日记账的账面余额为68 200元，银行对账单上余额为67 500元，经逐笔核对，发现有下列未达账项：

(1)5月29日，企业支付货款开出支票，金额为4 500元，企业已登记入账，银行尚未入账。

(2)5月30日，企业销售产品收到支票，金额12 300元，企业已登记入账，银行尚未入账。

(3)5月30日，银行收到企业的销货款，金额10 900元，银行已登记入账，企业尚未入账。

(4)5月31日，银行代企业支付水电费，金额3 800元，银行已登记入账，企业尚未入账。

根据上述未达账项，编制“银行存款余额调节表”如下：

**银行存款余额调节表**

2012 年 5 月 31 日

| 项目 | 金额 | 项目 | 金额 |
|---|---|---|---|
| 银行存款日记账余额 | 68 200 | 银行对账单余额 | 67 500 |
| 加：银行已收款入账，企业未入账的款项 | 10 900 | 加：企业已收款入账，银行未入账的款项 | 12 300 |
| 减：银行已付款入账，企业未入账的款项 | 3 800 | 减：企业已付款入账，银行未入账的款项 | 4 500 |
| 调节后的存款余额 | 75 300 | 调节后的存款余额 | 75 300 |

银行存款余额调节表的编制方法，是双方在账面余额的基础上各自补记对方已记账、本单位未记账的金额(包括增加金额和减少金额)，经过调节以后的双方账面余额，应该相等，说明双方记账均无错误。根据双方账面余额和未达账款调节后的余额，是企业实际可使用的存款数额。

需要注意的是，银行存款双方余额调节相符后对未达账项一般暂不做账务处理，对银行已入账而企业未入账的各项经济业务，不能根据银行存款余额调节表来编制会计分录，作为记账依据，而必须在收到银行转来的有关原始凭证后方可入账。因此说，银行存款余额调节表只是为核对银行存款余额而编制的一个工作底稿，不能作为实际记账的凭证。它只是及时查明本企业和银行双方账目记载有无差错的一种清查方法。

## 六、实物资产的清查

由于实物的形态、体积、重量、码放方式等不同,采用的清查方法也不同。主要有以下两种:

1. 实地盘点法。是指在财产物资存放现场逐一清点数量或用计量仪器确定其实存数的一种方法。此方法数字准确可靠,但工作量较大。

2. 技术推算法。是指利用技术方法推算财产物资实存数的方法。适用于煤炭、砂石等大宗物资的清查。此方法盘点数字不够准确,但工作量较小。

为了明确责任,盘点时,实物的保管人员必须在场。盘点结束,应填制“盘存表”,由清查人员和实物保管人员共同签名盖章,作为盘点日实物资产实有数的原始依据。盘点表一般格式如下:

**盘点表**

单位名称:　　　　盘点时间:

财产类别:　　　　存放地点:

| 序号 | 名称 | 规格型号 | 计量单位 | 实存数量 | 单价 | 金额 | 备注 |
|---|---|---|---|---|---|---|---|
| | | | | | | | |

盘点人签章:　　　　保管人员签章:

在盘点出各种实物的实存数后,为了进一步查明实存数与账存数是否相符,确定盘盈或盘亏情况,应根据盘点单和账簿记录编制“实存账存对比表”,以确定实存数与账存数的差异。一般格式如下表:

**实存账存对比表**

单位名称:　　　　年　月　日

| 编号 | 名称及类别 | 计量单位 | 实存 | | 账存 | | 对比结果 | | | | 备注 |
|---|---|---|---|---|---|---|---|---|---|---|---|
| | | | | | | | 盘盈 | | 盘亏 | | |
| | | | 数量 | 金额 | 数量 | 金额 | 数量 | 金额 | 数量 | 金额 | |
| | | | | | | | | | | | |

有关实物资产盈亏的处理,在初级实务中做详细说明。

## 七、往来款项的清查

往来款项的清查主要是指对各种应收款、应付款的清查。往来款项的清查一般采用发函询证的方法进行核对。具体步骤为:

1. 将本单位的往来账款核对清楚,确认总分类账与明细分类账的余额相等,各明细分类账的余额相符。

2. 在保证往来账户记录完整正确的基础上，编制"往来款项对账单"，寄往各有关往来单位。"往来款项对账单"的格式一般为一式两联，其中一联作为回单，对方单位核对后退回，盖章表示核对相符，如不相符由对方单位另外说明。

3. 收到上述回单后，应据此编制"往来款项清查表"，注明核对相符与不相符的款项，对不符的款项按有争议、未达账款、无法收回等情况归类合并，针对具体情况及时采取措施予以解决。

"往来款项对账单"和"往来款项清查表"的格式不固定，各单位可根据单位实际需要设置。

**关键概念**

财产清查　　未达账项　　银行存款余额调节表

**思考题**

1. 说说现金的清查方法、清查时间。
2. 说说银行存款的清查方法、清查时间。
3. 说说固定资产的清查方法、清查时间。
4. 说说应收账款的清查方法、清查时间。
5. 说说银行存款余额调节表的作用。
6. 说说未达账项是如何产生的。

# 第九讲　财务会计报告

【学习目标】

通过本讲学习，了解财务会计报告的概念及其构成；了解编制财务会计报告是会计核算的一项重要工作；了解财务会计报告编制的基本要求；为今后学习各种财务报表的具体编制方法打基础。

【知识框架】

| | | |
|---|---|---|
| 主要内容 | 财务会计报告的概念 | 了解 |
| | 财务会计报告的构成 | 熟悉 |
| | 财务会计报告的编制要求 | 熟悉 |

## 一、财务会计报告的概念

财务会计报告是指单位根据经过审核的会计账簿记录和有关资料编制，对外提供的反映单位某一特定日期的财务状况和某一会计期间的经营成果、现金流量的文件。是企业根据日常的会计核算资料归集、加工和汇总后形成的，是企业会计核算的最终成果。

在日常的会计核算中，企业通过填制和审核会计凭证，登记会计账簿，把各项经济业务完整、连续、分类地登记在会计账簿中，虽然比会计凭证反映的信息更加条理化、系统化，但就某一会计期间的经济活动的整体而言，其所能提供的仍是分散的、部分的信息，不能通过其内在联系，集中提示和反映该会计期间经营活动和财务收支的全貌。因此，每个会计期末，必须根据账簿上记录的资料，按照规定的报表格式、内容和编制方法，做进一步的归集、加工和汇总，编制成相应的会计报表，全面、综合地反映企业的财务状况、经营成果和现金流动情况，为有关各方提供全面的信息。

## 二、财务会计报告的构成

财务报告包括财务报表和其他应当在财务报告中披露的相关信息和资料。财务报表至少应当包括下列组成部分：

(1)资产负债表；

(2)利润表；

(3)现金流量表；

(4)所有者权益(或股东权益)变动表；

(5)附注。

资产负债表是反映企业某一特定日期资产、负债和所有者权益构成情况的会计报表;利润表是反映企业某一会计期间利润形成情况的会计报表;现金流量表是反映企业某一会计期间货币资金收入、支出及其结余情况的会计报表;所有者权益变动表是反映某一会计期间各项所有者权益增减变动情况的会计报表;附注是对上述报表中一些会计事项所做的补充说明。资产负债表和利润表属于月报表,企业必须按月编制,按月报送。现金流量表和所有者权益变动表通常属于年报,企业可按年编制,按年报送。小企业可以不编制现金流量表。

财务报表是财务报告的核心内容,除了财务报表之外,财务报告还应当包括其他相关信息,具体可以根据有关法律、行政法规、部门规章等的规定和外部使用者的信息需求而定。

## 三、财务会计报告的编制要求

为了使财务会计报告能够最大限度地满足各有关方面的需要，实现编制财务会计报告的目标,充分发挥财务报告的作用,企业编制财务会计报告,应当根据真实的交易、事项以及完整、准确的账簿记录等资料,财务会计报告应当真实可靠、全面完整、编报及时、便于理解,符合国家统一会计制度和会计准则的相关规定。其编制的基本要求如下:

1. 真实可靠

真实可靠就是要求会计报表中各项目的数据必须建立在真实可靠的交易或事项基础之上,使企业会计报表能够如实地反映企业的财务状况、经营成果和现金流量情况。便于财务报表使用者对企业的财务状况、经营成果和现金流量情况做出正确的评价和判断,有助于报表使用者做出正确决策。

2. 全面完整

全面完整就是要求企业在编制会计报表时,应当按照《企业会计准则》规定的格式和内容填报,不得漏编、漏报。

3. 编制及时

编制及时就是要求企业按照《企业会计准则》对各种财务报告编报时间的规定按时编制,不得提前,也不得延后。企业会计报表提供的信息,具有很强的时效性。只有及时编制和报送会计报表,才能为使用者提供决策所需的适时信息资料。

4. 便于理解

便于理解就是要求企业编制的财务会计报告应当清晰明了,便于理解和使用。

有关财务报告的编制方法在初级会计实务教材中详细介绍。

附表1

## 资产负债表(简表)

会企01表

编制单位: ____年__月__日 单位:元

| 资产 | 期末余额 | 年初余额 | 负债与所有者权益(或股东权益) | 期末余额 | 年初余额 |
|---|---|---|---|---|---|
| 流动资产: | | | 流动负债: | | |
| 货币资金 | | | 短期借款 | | |
| 应收账款 | | | 应付账款 | | |
| 应收利息 | | | 应付职工薪酬 | | |
| 其他应收款 | | | 应交税费 | | |
| 存货 | | | 应付利息 | | |
| | | | 其他应付款 | | |
| | | | | | |
| **流动资产合计** | | | | | |
| 非流动资产: | | | **流动负债合计** | | |
| 固定资产 | | | 非流动负债: | | |
| 在建工程 | | | 长期借款 | | |
| | | | | | |
| | | | **非流动负债合计** | | |
| **非流动资产合计** | | | 所有者权益: | | |
| | | | 实收资本 | | |
| | | | | | |
| | | | **所有者权益合计** | | |
| **资产总计** | | | **负债与所有者权益总计** | | |

附表2

## 利润表(简表)

会企 02 表

编制单位：　　　　　　　　　　　　____年__月　　　　　　　　　　　　单位：元

| 项目 | 本月金额 | 上期金额 |
|---|---|---|
| 一、营业收入 | | |
| 减：营业成本 | | |
| 营业税金及附加 | | |
| 销售费用 | | |
| 管理费用 | | |
| 财务费用 | | |
| | | |
| 二、营业利润 | | |
| 加：营业外收入 | | |
| 减：营业外支出 | | |
| 三、利润总额 | | |
| 减：所得税费用 | | |
| 四、净利润 | | |
| 五、每股收益 | | |

附表3

## 现金流量表(简表)

会企 03 表

编制单位：　　　　　　　　　　　　______年__月　　　　　　　　　　　　单位：元

| 项目 | 本月金额 | 上期金额 |
|---|---|---|
| **一、经营活动产生的现金流量：** | | |
| 销售商品、提供劳务收到的现金 | | |
| 收到的税费返还 | | |
| 收到其他与经营活动有关的现金 | | |
| 经营活动现金流入小计 | | |
| 支付给职工以及为职工支付的现金 | | |

续表

| 项目 | 本月金额 | 上期金额 |
| --- | --- | --- |
| 支付的各项税费 | | |
| 支付其他与经营活动有关的现金 | | |
| 经营活动现金流出小计 | | |
| 经营活动产生的现金流量净额 | | |
| **二、投资活动产生的现金流量:** | | |
| 收回投资收到的现金 | | |
| 取得投资收益收到的现金 | | |
| 处置固定资产、无形资产和其他长期资产收回的现金净额 | | |
| 收到其他与投资活动有关的现金 | | |
| 投资活动现金流入小计 | | |
| 购建固定资产、无形资产和其他长期资产支付的现金 | | |
| 投资支付的现金 | | |
| 支付其他与投资活动有关的现金 | | |
| 投资活动现金流出小计 | | |
| 投资活动产生的现金流量净额 | | |
| **三、筹资活动产生的现金流量:** | | |
| 吸收投资收到的现金 | | |
| 取得借款收到的现金 | | |
| 收到其他与筹资活动有关的现金 | | |
| 筹资活动现金流入小计 | | |
| 偿还债务支付的现金 | | |
| 分配股利、利润或偿付利息支付的现金 | | |
| 支付其他与筹资活动有关的现金 | | |
| 筹资活动现金流出小计 | | |
| 筹资活动产生的现金流量净额 | | |
| **四、汇率变动对现金及现金等价物的影响** | | |
| **五、现金及现金等价物净增加额** | | |
| 加:期初现金及现金等价物余额 | | |
| **六、期末现金及现金等价物余额** | | |

**附表4**

## 所有者权益变动表(简表)

会企04表

编制单位: ________年度 单位:元

| 项目 | 本年金额 | | | | | 上年金额 | | | | |
|---|---|---|---|---|---|---|---|---|---|---|
| | 实收资本 | 资本公积 | 盈余公积 | 未分配利润 | 所有者权益合计 | 实收资本 | 资本公积 | 盈余公积 | 未分配利润 | 所有者权益合计 |
| 一、上年年末余额 | | | | | | | | | | |
| 二、本年年初余额 | | | | | | | | | | |
| 三、本年增减变动金额 | | | | | | | | | | |
| (一)净利润 | | | | | | | | | | |
| (二)直接计入所有者权益的利得和损失 | | | | | | | | | | |
| (三)所有者投入和减少资本 | | | | | | | | | | |
| (四)利润分配 | | | | | | | | | | |
| (五)所有者权益内部结转 | | | | | | | | | | |
| 四、本年年末余额 | | | | | | | | | | |

### 关键概念

财务会计报告

### 思考题

1. 有了会计凭证,有了会计账簿,为什么还要编制财务会计报告。
2. 如果你是财务会计报告的使用者,你希望你阅读的财务会计报告应当是什么样的。
3. 财务会计报告包括哪些内容。

# 综合练习一

## 一、不定项选择题

1. 会计是一项(　　)工作。

A. 文艺　　B. 体育　　C. 政治宣传　　D. 经济管理

2. (　　)是会计的主要计量单位。

A. 实物量　　B. 货币量　　C. 劳动量　　D. 时间量

3. 会计的基本职能包括(　　)。

A. 核算　　B. 监督　　C. 预测　　D. 决策

4. 下列属于会计最基本职能的是(　　)。

A. 计划　　B. 控制　　C. 核算　　D. 监督

5. 会计核算工作简单地说就是(　　)。

A. 记账　　B. 算账　　C. 报账　　D. 监督

6. 特定单位能以货币计量的经济活动,称为(　　)。

A. 会计核算　　B. 会计监督　　C. 会计职能　　D. 会计对象

7. 会计监督是指对经济业务的(　　)所进行的审查。

A. 合法性　　B. 合理性　　C. 合规性　　D. 安全性

8. 下列说法中正确的是(　　)。

A. 会计核算是会计监督的基础　　B. 会计监督是会计核算的基础

C. 会计监督是会计核算的质量保证　　D. 会计核算是会计监督的依据

## 二、判断改错题

1. 会计可以核算和监督一个单位的全部经济活动。

2. 货币是会计的唯一计量单位。

3. 会计对象包括记账、算账和报账。

4. 会计对象是指企业的资金运动。

# 综合练习二

## 一、不定项选择题

1. 能用货币计量的经济活动称为(　　)。

A. 会计对象　　B. 经济业务　　C. 会计业务　　D. 会计事项

2. 下列属于负债的是(　　)。

A. 应交税金　　B. 应付工资　　C. 短期借款　　D. 现金

3. 下列属于会计核算内容的是（　　）。

A. 购买机器　　B. 建造厂房　　C. 考核职工出勤　　D. 支付职工工资

4. 下列属于会计监督内容的是（　　）。

A. 建造办公楼　　B. 上缴税金　　C. 检验产品质量　　D. 支付产品广告费

5. 下列属于会计对象的是（　　）。

A. 检查设备运行状况　　B. 预付职工差旅费

C. 归还银行的借款　　D. 投资者投入资金

6. 下列属于会计核算方法的是（　　）。

A. 复式记账　　B. 设置账户　　C. 填制会计凭证　　D. 成本计算

**二、判断改错题**

1. 会计对象是会计核算和监督的内容，即本单位发生的全部经济活动。

2. 会计核算的七种方法相互独立，没有任何联系。

3. 会计核算具有连续性、完整性和系统性。

## 综合练习三

**一、不定项选择题**

1. 会计要素是对（　　）进行的分类。

A. 会计对象　　B. 会计核算　　C. 会计监督　　D. 会计方法

2. 负债是指企业在经营过程中形成的、需要在未来偿还的各项（　　）。

A. 债权　　B. 债务　　C. 债务人　　D. 债权人

3. 企业拥有的机器设备属于（　　）。

A. 资产　　B. 负债　　C. 所有者权益　　D. 利润

4. 应付职工薪酬属于（　　）。

A. 资产　　B. 负债　　C. 所有者权益　　D. 利润

5. 下列属于资产的是（　　）。

A. 应收账款　　B. 应付账款　　C. 原材料　　D. 银行存款

6. 下列属于负债的是（　　）。

A. 应交税费　　B. 应付职工薪酬　　C. 银行借款　　D. 库存现金

7.下列属于会计要素的是（　　）。

A. 财产　　B. 负债　　C. 收入　　D. 利润

**二、改错题**

1. 资产就是财产。

2. 长期借款属于资产。

3. 会计要素包括资产、负债和所有者权益三项。

4. 会计要素就是对经济活动所作的分类。

5. 应付账款属于资产。

6. 应收账款属于收入。

## 综合练习四

### 一、不定项选择题

1. 费用简单地讲就是(　　)。

A. 生产产品的成本　　B. 各种支出

C. 日常经营活动中的各种耗费　　D. 销售产品的成本

2. 投资者投入的资本称为(　　)。

A. 实收资本　　B. 短期借款　　C. 应收账款　　D. 应付账款

3. 银行存款属于(　　)。

A. 资产　　B. 负债　　C. 收入　　D. 费用

4. 应交税费属于(　　)。

A. 资产　　B. 负债　　C. 收入　　D. 费用

5. 会计等式反映的是(　　)。

A. 会计对象的内容　　B. 经济业务

C. 会计要素之间的关系　　D. 会计事项

6. 下列属于会计要素的是(　　)。

A. 所有者权益　　B. 利润　　C. 收入　　D. 负债

7. 资产的表现形式可以是(　　)等。

A. 货币　　B. 原材料　　C. 厂房　　D. 机器

8. 本单位已经发生的能用货币计量的经济活动可分为(　　)。

A. 资产和负债　　B. 收入和费用　　C. 所有者权益和利润　　D. 财产和物资

### 二、判断改错题

1. 本年利润属于资产。

2. 会计等式就是“资产=负债+所有者权益”。

3. 负债是债务人。

# 综合练习五

**单项选择题**

1. 投资者投入企业的厂房,应记入下列(    )账户。
   A. 银行存款　B. 固定资产　C. 库存商品　D. 累计折旧
2. 企业销售产品收取的款项,应记入下列(    )账户。
   A. 银行存款　B. 应收账款　C. 本年利润　D. 主营业务成本
3. 企业行政管理部门发生的办公费应计入下列(    )账户。
   A. 管理费用　B. 营业税金及附加　C. 财务费用　D. 本年利润
4. 企业支付给职工的工资、福利等应通过下列(    )账户核算。
   A. 生产成本　B. 制造费用　C. 应付账款　D. 应付职工薪酬
5. 职工向企业的借款应通过下列(    )账户核算。
   A. 应收账款　B. 其他应收款　C. 应付账款　D. 其他应付款
6. 工业企业完工入库的产品应通过下列(    )账户核算。
   A. 原材料　B. 固定资产　C. 制造费用　D. 库存商品
7. 工业企业已销产品的成本应通过下列(    )账户核算。
   A. 库存商品　B. 主营业务成本　C. 主营业务收入　D. 生产成本
8. 工业企业正在加工的产品成本应通过下列(    )账户核算。
   A. 制造费用　B. 库存商品　C. 生产成本　D. 主营业务成本
9. 工业企业生产车间发生的折旧费、车间管理人员的工资等费用应通过下列(    )账户核算。
   A. 生产成本　B. 制造费用　C. 管理费用　D. 实收资本
10. 企业应交的营业税、城市维护建设税、教育费附加等税费应通过下列(    )账户核算。
   A. 制造费用　B. 管理费用　C. 财务费用　D. 营业税金及附加
11. 企业应交的增值税应通过下列(    )账户核算。
   A. 应交税费　B. 管理费用
   C. 营业税金及附加　D. 主营业务收入
12. 企业应交的所得税费用应通过下列(    )账户核算。
   A. 营业税金及附加　B. 所得税费用
   C. 本年利润　D. 主营业务成本

13. 企业购入固定资产的成本应通过下列(　　)账户核算。

A. 银行存款　　B. 实收资本　　C. 固定资产　　D. 累计折旧

14. 企业计提的固定资产折旧费应计入下列(　　)账户。

A. 固定资产　　B. 本年利润　　C. 累计折旧　　D. 主营业务成本

15. 企业销售产品未收回的款项应计入下列(　　)账户。

A. 主营业务收入　　B. 主营业务成本　　C. 应收账款　　D. 其他应收款

## 综合练习六

**填空题**(指出下列账户的性质)

1. “累计折旧”(　　)
2. “应付职工薪酬”(　　)
3. “应收账款”(　　)
4. “财务费用”(　　)
5. “制造费用”(　　)
6. “库存现金”(　　)
7. “主营业务收入”(　　)
8. “管理费用”(　　)
9. “应交税金”(　　)
10. “其他应收款”(　　)
11. “所得税费用”(　　)
12. “应付账款”(　　)

## 综合练习七

**填空题**

(一)在借贷记账法下,指出下列账户中“借”表示什么?

1. “银行存款”(　　)
2. “应付账款”(　　)
3. “实收资本”(　　)
4. “固定资产”(　　)
5. “主营业务成本”(　　)
6. “生产成本”(　　)
7. “应付职工薪酬”(　　)
8. “原材料”(　　)
9. “管理费用”(　　)
10. “主营业务收入”(　　)

(二)在借贷记账法下指出下列账户中“贷”表示什么?

1. “库存商品”(　　)
2. “财务费用”(　　)
3. “其他应收款”(　　)
4. “本年利润”(　　)
5. “制造费用”(　　)
6. “累计折旧”(　　)
7. “短期借款”(　　)
8. “应收账款”(　　)
9.“应交税费”(　　)
10.“所得税费用”(　　)
11. “主营业务成本”(　　)
12. “销售费用”(　　)

# 综合练习八

**填空题**(在借贷记账法下,指明下列各账户的记账方向)

1. “银行存款”增加(　　)
2. “应收账款”减少(　　)
3. “实收资本”增加(　　)
4. “固定资产”减少(　　)
5. “原材料”增加(　　)
6. “生产成本”减少(　　)
7. “主营业务收入”增加(　　)
8. “管理费用”减少(　　)
9. “累计折旧”增加(　　)
10. “库存商品”减少(　　)
11. “应交税费”增加(　　)
12. “短期借款”减少(　　)
13. “财务费用”增加(　　)
14. “应付账款”减少(　　)

# 综合练习九

**分析题**(指出下列经济业务应记入的账户的名称)

1. 收到投资,存入银行。
2. 用银行存款购入一台机器。
3. 向银行借入偿还期在一年以内的借款,存入银行。
4. 用银行存款归还短期借款。
5. 用银行存款支付短期借款的利息。
6. 计提生产车间固定资产折旧。
7. 生产产品领用原材料
8. 以现金购入行政管理部门用办公用品。
9. 销售产品,款已收到存入银行。
10. 销售产品,款未收到。
11. 以现金支付职工借款。
12. 以银行存款购入原材料。
13. 以银行存款发放职工工资。
14. 以银行存款偿还购料款。
15. 收回以前月份的销货款,存入银行。

# 综合练习十

**一、填空题**(指出下列账户的性质)

1.“主营业务收入”(　　)　　2.“固定资产”(　　)

3.“本年利润”(　　)　　4.“累计折旧”(　　)

5.“应交税费”(　　)　　6.“其他应付款”(　　)

7.“应付职工薪酬”(　　)　　8.“实收资本”(　　)

9.“所得税费用”(　　)　　10.“原材料”(　　)

11.“财务费用”(　　)　　12.“短期借款”(　　)

**二、分析题**(指出下列经济业务应使用的账户名称)

1. 购入原材料,取得增值税专用发票,货款尚未支付。

2. 收到投资者投入的货币存入银行。

3. 用银行存款购入一台电脑。

4. 向银行借入一年以内的借款存入银行。

5. 用银行存款支付短期借款的利息。

6. 用银行存款归还短期借款。

7. 用银行存款购入原材料,取得增值税专用发票。

8. 从银行提取现金。

9. 购入原材料,取得增值税专用发票,一部分货款用银行存款支付,另一部分货款尚未支付。

10. 将收到的现金存入银行。

**三、填空题**(写出记账符号)

1.“实收资本”增加(　　)　　2.“应收账款”增加(　　)

3.“累计折旧”减少(　　)　　4.“生产成本”减少(　　)

5.“短期借款”减少(　　)　　6.“原材料”增加(　　)

7.“固定资产”增加(　　)　　8.“应交税费”减少(　　)

9.“库存商品”减少(　　)　　10.“应付职工薪酬”减少(　　)

11.“财务费用”增加(　　)　　12.“制造费用”增加(　　)

13.“其他应收款”减少(　　)　　14.“主营业务成本”增加(　　)

15.“主营业务收入”减少(　　)　　16.“本年利润”减少(　　)

17.“管理费用”减少(　　)　　18.“主营业务税金及附加”减少(　　)

# 综合练习十一

## 一、填空题(在借贷记账法下,指出下列账户的性质)

1.“原材料”(　　)　　2.“管理费用”(　　)

3.“制造费用”(　　)　　4.“本年利润”(　　)

5.“主营业务收入”(　　)　　6.“应收账款”(　　)

7.“应交税费”(　　)　　8.“主营业务成本”(　　)

9.“生产成本”(　　)　　10.“所得税费用”(　　)

11.“库存商品”(　　)　　12.“应付职工薪酬”(　　)

13.“短期借款”(　　)　　14.“主营业务税金及附加”(　)

## 二、填空题(写出记账符号)

1. 固定资产减少(　　)　　2. 短期借款增加(　　)

3. 主营业务收入增加(　　)　　4. 主营业务成本增加(　　)

5. 管理费用减少(　　)　　6. 本年利润减少(　　)

7. 制造费用增加(　　)　　8. 银行存款增加(　　)

9. 应付账款增加(　　)　　10. 其他应付款减少(　　)

## 三、编制会计分录

某企业为增值税一般纳税企业,发生如下经济业务:

1. 收到国家投入的货币9 000 000元,存入银行。

2. 用银行存款购入原材料一批,取得增值税专用发票,价款20 000元,增值税3 400元。原材料已验收入库。(增值税可予抵扣)

3. 从银行提取现金800元。

4. 向银行借入一年以内的借款300 000元存入银行。

5. 销售产品一批,开出增值税专用发票,价款60 000元,增值税10 200元,货款尚未收到。

6. 用银行存款70 000元购入一台设备。

7. 用银行存款归还短期借款50 000元。

8. 购入原材料一批,取得增值税专用发票,价款10 000元,增值税1 700元。原材料已验收入库,货款尚未支付。(增值税可予抵扣)

9. 销售产品一批,开出增值税专用发票,价款50 000元,增值税8 500元,货款收到存入银行。

10. 用银行存款支付短期借款的利息850元。(未计提)

11. 销售产品一批，开出增值税专用发票，价款100 000元，增值税17 000元，收到货款80 000元，其余部分尚未到。

12. 将收到的现金600元存入银行。

13. 购入原材料一批，取得增值税专用发票，价款40 000元，增值税6 800元。原材料已验收入库。用银行存款支付货款20 000元，其余货款尚未支付。(增值税可予抵扣)

# 综合练习十二

## 一、编制会计分录

某公司为增值税一般纳税企业，2012年发生如下部分经济业务：

1. 收到国家国家投入资金3 000 000元，投资者A投入资金800 000元，存入银行。

2. 从银行借入半年期借款500 000元，年利率3%，存入银行(到期还本付息)。

3. 按月计提银行短期借款利息1 250元。

4. 从M公司购入甲材料取得增值税专用发票，价款160 000元，增值税27 200元，运杂费3 000元，已用银行存款支付150 000元，余款未付，甲材料已验收入库。(增值税可予抵扣)

5. 购入乙材料取得增值税专用发票，价款27 000元，增值税4 590元，乙材料已验收入库，款已通过银行支付。(增值税可予抵扣)

6. 生产A产品领用甲材料80 000元。

7. 购入一台生产设备，取得增值税专用发票，价款300 000元，增值税51 000元，运杂费8 500元，保险费10 000元，安装费6 000元，设备已交付使用，款已通过银行支付。(增值税可予抵扣)

8. 用银行存款归还上述半年期短期借款本金和利息。

9. 用银行存款归还上述M公司的货款。

10. 生产B产品领用乙材料15 000元；车间一般消耗乙材料3 400元；厂部使用乙材料1 200元。

11. 计提固定资产折旧6 000元，其中车间4 000元，行政部门2 000元。

12. 以现金支付行政部门下半年度报纸杂志费600元。

## 二、单项选择题

1. 购入原材料的买价应记入下列(　　)账户。

A. “应交税金”　　B. “银行存款”　　C. “应付账款”　　D. “原材料”

2. 预提短期借款的利息应计入下列(　　)账户。

A. “管理费用”　　B. “短期借款”　　C. “应付利息”　　D. “银行存款”

3. 生产产品领用原材料，应记入下列(　　)账户。

A.“原材料”　　B.“生产成本”　　C.“制造费用”　　D.“管理费用”

## 综合练习十三

**编制会计分录**

某公司为增值税一般纳税企业，2012年10月发生的部分经济业务如下：

1. 从甲公司购入A材料，取得增值税专用发票，价款120 000元，增值税20 400元，运杂费1 000元，全部款项均用银行存款支付，材料已验收入库。

2. 从乙公司购入B材料，取得增值税专用发票，价款700 000元，增值税119 000元，运杂费13 000元，款均未支付，材料已验收入库。

3. 从丙公司购入A材料，取得增值税专用发票，价40 000元，增值税6 800元，材料已验收入库，货款用银行存款支付了20 000元，其余尚未支付。

4. 从银行借入三个月期的借款900 000元存入银行，年利10%，到期一次还本付息。

5. 每月计提上述短期借款利息。

6. 用银行存款归还上述短期借款的本金和利息。

7. 购入生产用机器一台，取得增值税专用发票，价款600 000元，增值税102 000元，运杂费5 600元，保险费14 500元，款均以银行存款支付。机器已投入使用。

8. 用银行存款归还乙公司的欠款83 200元。

9. 计提本月固定资产折旧费6 000元，其中车间4 000元，行政部门2 000元。

10. 用银行存款支付下一年度报纸杂志费1 200元，其中包括生产车间杂志费500元，行政管理部门杂志费700元。

11. 用银行存款归还丙公司欠款26 800元。

12. 从银行提现金60 000元。

13. 用现金发放本月职工工资60 000元。

14. 分配本月职工工资60 000元，其中：生产工人工资40 000元；车间管理人员工资12 000元；行政管理人员工资8 000元。

## 综合练习十四

**编制会计分录**

某公司为增值税一般纳税企业，2012年发生的部分经济业务如下：

1. 收到港商投入货币300 0000元，投资者甲投入货币800 000元，存入银行。

2. 从银行借入半年期借款300 000元，年利率3%，存入银行（到期还本付息）。

3. 每月计提上述短期借款利息。

4. 从N公司购入A材料，取得增值税用发票，价款16 580元，增值税2 818.6元，运杂费300元，已用银行存款支付15 000元，余款未付，A材料已验收入库。

5. 购入B材料，取得增值税专用发票，价款27 000元，增值税4 590元，B材料已验收入库，款已通过银行支付。

6. 生产M产品领用甲材料80 000元。

7. 购入生产设备一台，取得增值税专用发票，价款300 000元，增值税51 000元，运杂费18 500元，保险费10 000元，安装费16 000元，设备已交付使用，款已通过银行支付。

8. 用银行存款归还上述短期借款本金和利息。

9. 用银行存款归还欠N公司的货款。

10. 发出B材料成本19 600元，其中生产B产品耗用15 000元，车间一般耗用3 400元，厂部耗用1 200元。

11. 计提固定资产折旧8 000元，其中车间5 000元，行政部门3 000元。

12. 用银行存款1 200元支付行政管理部门下半年报纸杂志费。

13. 从银行提现金50 000元。

14. 用现金支付本月工资50 000元。

15. 分配本月工资60 000元，其中：生产工人工资35 000元；车间管理人员工资10 000元；行政管理人员工资5 000元。

## 综合练习十五

**综合题**

某公司为增值税一般纳税企业，发生的部分经济业务如下：

1. 购入甲材料，取得增值税专用发票，价款10 000元，增值税1 700元，运杂费750元，用银行存款支付10 000元，余款未付，甲材料已验收入库。

2. 购入乙材料，取得增值税专用发票，价款37 000元，增值税6 290元，乙材料已验收入库，款已通过银行支付。

3. 购入生产设备一套，取得增值税专用发票，价款100 000元，增值税17 000元，运杂费7 000元，保险费10 000元，安装费5 000元，设备已交付使用，款已通过银行支

4. 用银行存款归还购入甲材料的欠款。

5. 生产A产品领用甲材料35 000元，乙材料15 000元，车间一般消耗乙材料2 000元，厂部使用乙材料1 000元。

6. 从银行提现金29 800元准备发工资。

7. 用现金29 800元支付工资。

8. 用银行存款购入办公用品1 000元，其中厂部用800元，车间一般耗用200元。

9. 用银行存款预订下一年报纸杂志1 200元。

10. 计提车间固定资产折旧6 000元，厂部固定资产折旧3 000元。

11. 结转应付工资32 800元，其中生产A产品工人工资20 000元，车间管理人员工资1 000元，厂部管理人员工资11 800元。

12. 结转上年度已预付的保险费6 000元，其中车间负担3 800元，厂部负担2 200元。

13. 结转上年度已预付的厂部报纸杂志费1 000元。

14. 按工应付工资的14%，计提职工福利费。

15. 结转制造费用。

要求：(1)根据上列经济业务编制会计分录；

(2)设置“原材料”、“制造费用”T字形总账，(原材料期初余额：500 000元、制造费用无余额)登记期初余额及本期发生额，并结出期末余额。

## 综合练习十六

**综合题**

1. 办公室主任出差，预借差旅费3 000元，现金支付。

2. 用银行存款购入办公用品1 000元，其中厂部用800元，车间一般耗用200元。

3. 办公室主任报销差旅费2 900元，退回现金100元。

4. 生产产品领用甲材料50 000元，乙材料17 000元，车间一般消耗乙材料2 000元，厂部使用乙材料1 000元。

5. 分配本月职工工资40 000元，其中生产A产品工人工资25 000元，车间管理人员工资4 000元，厂部管理人员工资11 000元。

6. 计提车间固定资产折旧8 000元，厂部固定资产折旧4 000元。

7. 结转制造费用。

8. 结转完工产品生产成本。(若月初、月末无产品)

要求：(1)设置“生产成本”、“制造费用”“T”字形总账；

(2)根据上列经济业务编制会计分录；

(3)根据会计分录登记“生产成本”、“制造费用”总账并结出余额。

# 综合练习十七

## 一、单项选择题

1. 加工产品发生的直接材料费用应记入(　　)账户。

A. 生产成本　　B. 制造费用　　C. 管理费用　　D. 财务费用

2. 短期借款的利息应记入(　　)账户的借方。

A. 管理费用　　B. 制造费用　　C. 销售费用　　D. 财务费用

3. 一般纳税人外购原材料取得增值税专用发票时,原材料的采购成本中不应包括(　　)。

A. 原材料的买价　　B. 增值税　　C. 运费　　D. 搬运费

4. 用银行存款归还以前购料的欠款,应记入(　　)账户的借方。

A. 短期借款　　B. 应付账款　　C. 应收账款　　D. 银行存款

5. 制造费用在期末应转入(　　)账户。

A. 生产成本　　B. 管理费用　　C. 财务费用　　D. 销售费用

6. 用现金支付差旅费时应记入(　　)账户的借方。

A. 库存现金　　B. 其他应收款　　C. 管理费用　　D. 制造费用

## 二、多项选择题

1. 生产费用包括(　　)。

A. 财务费用　　B. 制造费用　　C. 直接材料　　D. 直接人工

2. 短期借款的利息每月的记录方式包括(　　)。

A. 借:财务费用　　×××
　　贷:银行存款　　×××

B. 借:财务费用　　×××
　　贷:应付利息　　×××

C. 借:银行存款　　×××
　　贷:财务费用　　×××

D. 借:预提费用　　×××
　　贷:财务费用　　×××

3. 一般纳税企业外购生产用固定资产的入账价值包括(　　)。

A. 买价　　B. 运输费　　C. 增值税　　D. 途中保险费

# 综合练习十八

## 一、连线题

| | |
|---|---|
| 1. 计提累计折旧计入 | “生产成本”借方 |
| 2. 结转制造费用计入 | “库存商品”贷方 |
| 3. 分配职工工资计入 | “累计折旧”贷方 |
| 4. 结转完工产品成本计入 | “管理费用”借方 |
| 5. 结转已售产品成本计入 | “库存商品”借方 |
| 6. 计提借款利息计入 | “主营业务收入”贷方 |
| 7. 预付差旅费计入 | “销售费用”借方 |
| 8. 支付财产保险费计入 | “其他应收款”借方 |
| 9. 销售产品的收入计入 | “应付利息”贷方 |
| 10. 销售产品的费用计入 | “应付职工薪酬”贷方 |

## 二、单项选择题

1. 结转已售产品成本3 000元的会计分录为(　　)。

A. 借:主营业务成本　　3 000
　　贷:生产成本　　　　3 000

B. 借:主营业务成本　　3 000
　　贷:库存商品　　　　3 000

C. 借:库存商品　　3 000
　　贷:主营业务成本　　3 000

D. 借:生产成本　　3 000
　　贷:主营业务成本　　3 000

2. 结转制造费用600元的会计分录为(　　)。

A. 借:制造费用　　600
　　贷:生产成本　　600

B. 借:生产成本　　600
　　贷:制造费用　　600

C. 借:生产成本　　600
　　贷:财务费用　　600

D. 借:生产成本　　600
　　贷:销售费用　　600

3. 结转完工产品成本900元的会计分录为(　　)。

A. 借:主营业务成本　　900
　　贷:生产成本　　900

B. 借:库存商品　　900
　　贷:主营业务成本　　900

C. 借:库存商品　　900
　　贷:生产成本　　900

D. 借:生产成本　　900
　　贷:库存商品　　900

4. 结转应交城建税100元的会计分录为(　　)。

A. 借:主营业务税金及附加　　100
　　贷:银行存款　　100

B. 借: 应交税费　　100
　　贷:银行存款　　100

C. 借:应交税费　　100
　　贷:主营业务税金及附加　　100

D. 借:主营业务税金及附加　　100
　　贷:应交税费　　100

5. 结转应交所得税700元的会计分录为(　　)。

A. 借:所得税费用　　700
　　贷:应交税费　　700

B. 借:应交税费　　700
　　贷:所得税费用　　700

C. 借:主营业务税金及附加　　700
　　贷:应交税费　　700

D. 借:应交税费　　700
　　贷:主营业务税金及附加　　700

6. 结转产品销售收入应记入(　　)账户的贷方。

A. 主营业务收入　　B. 本年利润　　C. 主营业务成本　　D. 销售费用

7. 销售产品收入应记入(　　)账户的贷方。

A. 主营业务收入　　B. 主营业务成本　　C. 本年利润　　D. 管理费用

8. 用银行存款支付产品广告费,应记入(　　)账户的借方。

A. 管理费用　　B. 财务费用　　C. 销售费用　　D. 制造费用

9. 报销差旅费应记入(　　)账户借方。

A. 管理费用　B. 财务费用　C. 销售费用　D. 生产成本

10. 用现金支付差旅费应记入(　　)账户的借方。

A. 应收账款　B. 其他应收款　C. 应付账款　D. 管理费用

## 综合练习十九

**不定项选择题**

1. 下列(　　)记录经济业务发生或完成情况的书面证明。

A. 会计科目　B. 会计账户　C. 会计凭证　D. 会计账簿

2. 下列(　　)记录经济业务发生可完成情况的原始资料与依据。

A. 会计凭证　B. 原始凭证　C. 记账凭证　D. 会计账簿

3. 下列(　　)是登记会计账簿的直接依据。

A. 会计凭证　B. 原始凭证　C. 记账凭证　D. 会计报表

4. 下列(　　)是编制会计报表的依据。

A. 会计凭证　B. 原始凭证　C. 记账凭证　D. 会计账簿

5. 会计凭证按用途不同,可分为(　　)。

A. 原始凭证　B. 记账凭证　C. 汇总凭证　D. 累计凭证

6. 原始凭证按来源不同,可分为(　　)。

A. 外来凭证　B. 自制凭证　C. 一次凭证　D. 累计凭证

7. 原始凭证按填制内容不同,可分为(　　)。

A. 自制凭证　B. 一次凭证　C. 汇总凭证　D. 累计凭证

8. 专用记账凭证按所反映的内容不同,可分为(　　)。

A. 收款凭证　B. 付款凭证　C. 转账凭证　D. 通用凭证

9. 借款单属于(　　)。

A. 自制凭证　B. 一次凭证　C. 累计凭证　D. 外来凭证

10. 购料发票属于(　　)。

A. 自制凭证　B. 外来凭证　C. 一次凭证　D. 汇总凭证

11. 下列经济业务中应编制收款凭证的是(　　)。

A. 计提固定资产折旧　B. 以银行存款购入原材料

C. 销售产品,款已收到　D. 赊销产品

12. 下列经济业务中应编制付款凭证的是(　　)。

A. 生产产品领用原材料　B. 从银行提取现金

C. 以银行存款偿还前欠购料款　　D. 向银行借入期限为3个月的借款

13. 下列经济业务中应编制转账凭证的是(　　)。

A. 分配职工工资　　B. 月末结转成本与费用

C. 年末计提本年应交所得税　　D. 收到银行期限为6个月的借款

14. 发生的经济业务同时涉及现金和银行存款增减变化时,应编制下列(　　)

A. 收款凭证　　B. 付款凭证

C. 转账凭证　　D. 同时编制收款凭证和付款凭证

15. 会计分录是下列(　　)的主要内容。

A. 会计凭证　　B. 原始凭证

C. 记账凭证　　D. 会计账簿

## 综合练习二十

**不定项选择题**

1. 下列(　　)是会计账户的表现形式。

A. 会计科目　　B. 会计报表　　C. 会计对象　　D. 会计账簿

2. 下列(　　)是会计账户的名称。

A. 会计科目　　B. 会计要素　　C. 会计账簿　　D. 会计对象

3. 按照经济业务发生时间或完成时间先后顺序逐日逐笔进行登记的账簿为(　　)。

A. 序时账簿　　B. 总分类账簿　　C. 明细分类账簿　　D. 备查账簿

4. 提供总括会计信息的账簿为(　　)。

A. 序时账簿　　B. 总分类账簿　　C. 明细分类账簿　　D. 备查账簿

5. 某些在序时账簿和分类账簿中都不予登记或登记不详细的经济业务应在(　　)账簿中进行补充登记。

A. 日记账　　B. 总账　　C. 明细账　　D. 备查账

6. 总账一般采用(　　)格式和特征的账簿。

A. 三栏式　　B. 多栏式　　C. 订本式　　D. 活页式

7. 原材料明细账本一般采用(　　)格式和特征的账簿。

A. 三栏式　　B. 数量金额式　　C. 订本式　　D. 活页式

8. 下列明细账,通常采用多栏式的是(　　)。

A. 生产成本明细账　　B. 管理费用明细账

C. 制造费用明细账　　D. 主营业务成本明细账

9. 下列账簿中,必须采用订本式账簿的是(　　)。

A. 总账　B. 日记账　C. 应收款项明细账　D. 库存商品明细账

10. 固定资产明细账通常采用(　　)格式和特征的账簿。

A. 三栏式　B. 多栏式　C. 订本式　D. 卡片式

## 综合练习二十一

### 一、不定项选择题

1. 财产清查属于下列(　　)。

A. 会计职能　B. 会计对象　C. 会计方法　D. 会计科目

2. 年终决算前的清查属于(　　)。

A. 全面清查　B. 局部清查　C. 定期清查　D. 不定期清查

3. 债权债务的清查属于(　　)。

A. 全面清查　B. 局部清查　C. 定期清查　D. 不定期清查

4. 库存现金的清查通常采用(　　)。

A. 核对账目法　B. 实地盘点法　C. 技术推算法　D. 询证法

5. 银行存款的清查通常采用(　　)。

A. 核对账目法　B. 实地盘点法　C. 技术推算法　D. 询证法

6. 下列属于未达账项的是(　　)。

A. 企业日记账登记收款30 000元,银行对账单未登记,经确认为支票款未到账

B. 银行对账单登记扣除当月手续费500元,企业日记账未登记

C. 企业日记账登记付款50 000元,银行对账单登记付款5 000元,实际付款5 000元

D. 银行对账单登记收款30 000元,企业日记账未登记,经确认非本企业款项

7. 下列未达账项中应调增企业日记账余额的是(　　)。

A. 银行对账单登记托收回款,日记账未登记

B. 日记账登记签发支票付款,银行对账单未登记

C. 日记账登记收到支票款,银行对账单未登记

D. 银行对账单登记付水电费,日记账未登记

8. 下列事项中应调减企业日记账余额的是( )。

A. 银行对账单登记收款,日记账未登记,经核实为托收的货款

B. 日记账登记付款,对账单未登记,经核实为现金付款业务

C. 日记账登记收款,对账单未登记,经核实为付款单位拒付

D. 银行对账单登记收款,日记账未登记,经核实为银行误记事项

9. 未达账款的处理方法是(　　)。

A. 直接调整企业日记账　　　　B. 直接调整银行对账单

C. 编制银行存款余额调节表　　　　D. 不需处理

10. 下列关于原材料的清查中说法正确的是(　　)。

A. 原材料清查属于局部清查

B. 原材料清查一般采用不定期清查

C. 原材料清查一般采用实地盘点法

D. 原材料清查也可采用技术推算法

11. 下列关于财产清查的说法中错误的是(　　)。

A. 现金清查一般采用实地盘点法,由清查人员当面清点库存现金数与日记账余额核对

B. 银行存款余额调节表属于原始凭证,可据以作出相关未达账款的会计分录

C. 实物资产的清查出现账存数大于实存数,其差额为盘亏数

D. 应收应付款项的清查通常采用函证法,应定期清查

**二、综合题**

某企业2012年12月末,银行存款日记账余额为351 850元,银行对账单余额为374 850元,经逐笔核对,发现下列事项双方记录不一致,编制下列“银行存款余额调节表”,并说明处理方法。

1. 日记账登记收款45 000元,对账单无此记录。经核实,为企业收到的支票,对账时银行尚未收到款。

2. 日记账登记付款56 000元,对账单登记付款65 000元。经核实,为企业支付电费65 000元。日记账误记。

3. 对账单登记收款78 000元,日记账无此记录。经核实,为银行误记。

4. 对账单登记付款16 000元,日记账登记付款15 000元。经核实,为企业应付的水费16 000元,企业实际少付1 000元。

**银行存款余额调节表**

| 项目 | 日记账 | 项目 | 对账单 |
|---|---|---|---|
| 调节前余额 | | 调节前余额 | |
| | | | |
| | | | |
| | | | |
| 调节后余额 | | 调节后余额 | |

# 综合练习二十二

## 不定项选择题

1. 下列(　　)是会计核算的最终成果。

A. 会计凭证　　B. 会计账簿　　C. 会计报表　　D. 纳税申报表

2. 财务会计报告包括(　　)。

A. 会计报表　　B. 会计报表附注

C. 会计报表附表　　D. 会计报表相关资料

3. 会计报表包括(　　)。

A. 资产负债表　　B. 利润表　　C. 现金流量表　　D. 成本报表

4. 会计报表的编制依据是(　　)。

A. 原始凭证　　B. 记账凭证　　C. 会计报表　　D. 会计账簿

5. 编制财务会计报告属于(　　)。

A. 会计职能　　B. 会计计量方法　　C. 会计核算方法　　D. 会计对象

6. 下列说法中正确的是(　　)。

A. 会计要素是对会计对象的再分类

B. 会计科目是对会计要素的再分类

C. 会计账户是对会计科目的再分类

D. 会计报表是对会计账簿记录的再分类

# 下篇　会计操作知识入门

在会计基础知识入门中,我们已经学习掌握了会计的一些基本概念与原理,了解到会计的日常工作,就是对证、账、表的处理,其中,证就是会计凭证,账就是会计账簿,表就是会计报表。下面在会计操作入门里,结合配套的实习教程,详细介绍会计凭证与会计账簿的处理方法。

## 第一讲　建　账

会计账簿简称账簿,是以经过审核的会计凭证为依据,由一定格式的账页组成的,全面、系统、连续地记录各项经济业务的簿籍。

账簿按其用途的不同,分为序时账簿、分类账簿和备查账簿。序时账簿也称日记账,是按照经济业务发生时间或完成时间的先后顺序逐日逐笔进行登记的账簿。序时账簿按其记录内容不同,可分为现金日记账和银行存款日记账。分类账簿,简称分类账,是对发生的全部经济业务按照会计要素的具体类别而设置的分类账户进行登记的账簿,包括总账和明细账。备查账簿是对某些在序时账簿和分类账簿等主要账簿中都不予登记或登记不详细的经济业务进行补充登记的账簿。如:临时租入固定资产备查账、应收票据备查账等。

账簿按账页格式不同,可分为两栏式账簿、三栏式账簿、数量金额式账簿和多栏式账簿。两栏式账簿是指只有借方和贷方两个基本金额栏目的账簿。三栏式账簿是指有借方、贷方和余额(或收入、付出、余额)三个基本金额栏目的账簿。多栏式账簿是指在账簿的借方栏或贷方栏下按需要分设若干专栏的账簿。数量金额式账簿是指账簿的借方、贷方和余额三个栏目内,都分别设置数量栏、单价栏和金额栏的账簿。

账簿按外形特征的不同,可分为订本账、活页账和卡片账。订本账是指在启用前就把一定数量的账页固定装订成册,并对账页进行了连续编号的账簿。活页账是指账簿登记完毕前并不固定装订在一起,而是装在活页账夹中,根据需要随时增减账页的账簿。卡片账是指将账户所需格式印刷在硬卡上的账簿。

## 一、建账的概念

建账有广义与狭义之分。狭义建账是指新成立的企业根据《会计法》和国家统一会计制度的规定,以及企业核算的需要,确定本企业的账簿种类、格式、内容及登记方法。一般自领取营业执照之日起十五日内应依法建账。

广义建账除包括新成立企业依法建账外，还包括已成立的企业每年年初启用新账。所谓启用新账就是每年年初企业应依法更换账簿，在新账簿中登记各账户的年初余额。一般来讲总账、日记账和多数明细账应每年更换一次。但有些财产物资明细账和债权债务明细账,由于种类繁多,更换新账、重抄—遍工作量较大,可以跨年度使用,不必每年更换一次。

## 二、建账要求

《会计法》规定各单位应当按照国家统一会计制度的规定和会计业务的需要设置会计账簿。会计账簿包括总账、明细账、日记账和其他辅助性账簿。会计人员应当根据审核无误的会计凭证登记会计账簿。

## 三、会计账簿的启用要求

启用会计账簿时,应当在账簿的封面上写明单位名称和账簿名称,在账簿扉页上应当附启用表,内容包括:启用日期、账簿页数、记账人员和会计机构负责人、会计主管人员姓名,并加盖人名单和单位公章。记账人员或者会计机构负责人、会计主管人员调动工作时,应当注明交接日期、接办人员或者监交人员姓名,并由交换双方人员签名或者盖章。

启用订本式账簿,应当从第一页到最后一页顺序编写页数,不得跳页、缺号。使用活页式账页,应当按账户顺序编号,并需定期装订成册。装订后再按实际使用的账页顺序编定页码。另加目录,记明每个账户的名称和页次。

## 四、总账建账要求

1. 依据企业经济业务核算的需要选择会计制度中规定的会计科目。总账科目名称应与国家会计准则规定的会计科目名称一致。

2. 总账的账页格式可以采用三栏式、多栏式等,一般采用三栏式。

3. 总账应采用订本账。

## 五、明细账建账要求

1. 会计准则只对部分明细科目的设置做出了明确规定,如规定“盈余公积”的明细科目为“法定盈余公积”“任意盈余公积”。对于这样的明细账,企业应按制度规定的方法进行设置。

2. 除明确规定的明细科目外,会计准则对大部分明细科目的设置只规定了设置的方法和原则,如规定“应收账款”应按应收单位的名称设置明细账进行明细核算。对于这样的明细账,企业应按照设置原则,同时考虑企业经营管理的需要进行设置。

3. 明细账的账页格式可以采用三栏式、数量金额式、多栏式及专用式等,企业应根据核算需要确定各种明细账的账页格式。

4. 明细账一般采用活页账。

## 六、日记账建账要求

1. 企业应依法设置现金日记账及银行存款日记账。

2. 日记账的账页格式一般采用三栏式。

3. 日记账应采用订本账。

## 七、备查账建账要求

1. 对于会计准则规定必须设置的备查账簿,企业应依法设置。如“应收票据备查登记簿”等。对于会计准则没有规定的,企业可根据自身的核算需要来确定是否设置。

2. 备查账簿的账页格式由企业根据核算需要自行确定。

3. 备查账一般采用活页账。

**关键概念**

建账　　总账　　明细账　　日记账

**思考题**

1. 想想看,我们实习资料的建账属于哪一种建账,建账时你应做好哪些准备工作。

2. 说说看,发给我们的都有什么账簿,都是做什么用的。

3. 说说看,发给我们的总账你准备怎么使用。

4. 说说看,发给我们的明细账你准备怎么使用。

5. 说说看,发给我们的日记账你准备怎么使用。

# 第二讲　会计记账程序

就像生产产品的企业,要想生产出合格的产品,必须经过特定的工艺流程一样。会计数据的收集、整理和加工工作,也必须“按部就班”,它有一套科学的工作流程。为了保证会计信息的真实性、可靠性和有用性,在对经济业务数据的收集、加工和处理过程中,要运用一系列的会计处理方法,经过一定的程序。这种在一个会计期间内按一定顺序依次继起的账务处理方法,称为会计记账程序。一个会计期间结束,下一个会计期间开始以后,又重复按一定的程序和步骤进行账务处理。如此连续不断、周而复始地进行下去,因此,会计记账程序也称为会计循环。

## 一、会计循环的基本步骤

一个完整的会计循环应当包括以下几个基本步骤:

第一,分析经济业务,编制记账凭证;

第二,根据记账凭证,登记相关会计账簿,也称为过账;

第三,期末,根据权责发生制的要求,进行账项调整,编制相关记账凭证,并登记相关会计账簿;

第四,进行试算平衡,检查账簿记录是否正确;

第五,对账、结账;

第六,编制会计报表。

这些步骤中的核心是会计凭证的填制审核、会计账簿的登记与检查、会计报表的编制与报送。因此,也可以说会计循环就是对证、账、表的处理过程。

## 二、编制记账凭证与过账

发生了经济业务,取得书面证明文件,如发票、单据等原始凭证,会计人员首先必须对经济业务及相应的原始凭证进行审核,弄清经济业务的实质,看它们是否符合记账要求。然后,根据审核无误的原始凭证编制记账凭证,并登记相关总账及明细账。这是会计工作循环的起始环节,也是保证会计信息可靠性最重要的一个环节。

### (一)原始凭证的审核

会计人员对原始凭证的审核包括其合法性与合理性两方面的审查,以确保原始凭证的合法有效。下面就常见业务的相关原始凭证审核要点分析如下。

1. 销售业务。会计人员处理销售业务,应根据本企业开具的销售发票,发票上应当加盖本企业的“发票专用章”。同时还应有银行进账单,或委托收款凭证的回单联,或商业汇票的复印件等款项收回或托收的单据。

2. 采购业务。会计人员处理采购业务,应根据购货发票的记账联,及相应的银行付款单,或商业汇票复印件等。需要注意的是,一般纳税企业采购材料,取得的增值税专用发票包括记账联和抵扣联,抵扣联需经税务机关认证,并单独保存。实际工作中,当月采购材料取得的增值税专用发票的抵扣联可能未能在当月认证,这样就不能记入“应交税费——应交增值税(进项税额)”账户,可暂记作“其他应收款——未扣抵增值税”,待认证后,再转入“应交税费——应交增值税(进项税额)”账户。

3. 费用业务。会计人员处理费用报销业务,应要求业务经办人员填制“费用报销单”,“费用报销单”上应详细填写费用项目、金额,在原始凭证粘贴单上整齐的粘贴相应单据,如车票、发票等。“费用报销单”需经企业费用报销程序,相关人员签章后,方可办理报销业务。会计人员应认真核对粘贴单据的金额与报销金额是否一致,单据是否有效,签章是否符合规定。

4. 收付款业务。会计人员处理银行存款收付款业务,应依据银行出具的相应收款、付款单据,单据上应加盖银行的签章及经办人员签章。需要说明的是,企业使用网银收付的款项,也需依据有签章的银行单据入账。会计人员处理现金收付款业务,应予经办人签发收据,由收款人或付款人签名,签发人签名,并加盖“现金付讫”或“现金收讫”财务专用章。

(二)编制记账凭证

根据经济业务的性质,选择应借、应贷的账户,根据“有借必有贷、借贷必相等”记账规则,正确编制经济业务的会计分录,按要求填写记账凭证的相关要素。并将原始凭证附在记账凭证的后面,定期将记账凭证装订成册。

(三)过账

根据编制的记账凭证,登记记账凭证中所确定的账户,按账簿的平行登记原则在账簿中进行正确无误的登记。

## 三、期末账项调整

会计核算基础为权责发生制,权责发生制要求凡属于本期的收入或费用,不论本期是否收付,均应做本期的收入或费用处理。反之,凡不属于本期的收入和费用,即使款项已在本期收付,也不得作为本期收入和费用处理。

【例】2012年10月企业租入厂房,合同约定租金按年预付,每年120 000元,每月10 000元。

此项经济业务说明企业在2012年10月支付租金120 000元,但属于当月的费用只为10 000元。会计人员应将不属于当月的费用暂记入预付账款账户,在未来的11个月中按月调整记入各月费用中。

按权责发生制要求,会计期末,会计人员应对相应的收入与费用账户进行调整,从而正确地计算损益,称为期末账项调整。

期末账项调整主要包括五类:①应计收入的调整;②应计费用的调整;③预收收入的调整;④预付费用的调整;⑤固定资产折旧费的调整。会计期末,会计人员应认真检查相应的收入与费用账簿,分析需要作出哪些调整账项。下面仅说明较常见的费用调整账项。

(一)应计费用的调整

应计费用是指本期已经发生,而款项尚未支付的费用。主要包括预提租金、预提银行借款利息等预提费用以及应付职工薪酬、应交税费等应付费用。下面以实例说明应计费用的调整方法。

【例】某企业2012年11月取得银行借款3 000万元,借款年利率为12%,期限为6个月,到期还本付息。该企业借款利息按年核算。

此项经济业务中银行借款利息共计180万元,支付期为2013年4月借款到期日。从会计期分析,其中属于2012年的利息费用为60万元,属于2013年利息费用为120万元。这样,按权责发生制要求,企业应在2012年末编制预提60万元借款利息的调整分录。

此项经济业务的相关会计分录如下:

2012年11月收到银行借款:

借:银行存款　　　　30 000 000

　贷:短期借款　　　　30 000 000

2012年12月末计提本年借款利息:

借:财务费用　　　　600 000

　贷:应付利息　　　　600 000

2013年4月还本付息:

借:短期借款　　　　30 000 000

　应付利息　　　　600 000

　财务费用　　　　1 200 000

　贷:银行存款　　　　31 800 000

【例】某企业2012年12月应交增值税为450 000元,计提城建税及教育费附加。

此项经济业务中,交纳增值税的企业,还需分别按7%和3%计算应交纳的城建税和教育费附加,各项税费的实际交纳期为下期初。这样,按权责发生制要求,企业应在2012年12月末编制计提应交城建税和教育费附加的调整分录。

应编制如下会计分录:

借:营业税金及附加　　45 000

　贷:应交税费——应交城建税　　31 500

　　　　——应交教育费附加　　13 500

(二)预付费用的调整

预付费用,也称待摊费用,是指已经支付入账,但不属于支付期费用,或因受益期较长,因而应由各受益会计期分摊的费用。如预付保险费、预付书报费、预付租金等。下面以实例说明预付费用的调整方法。

【例】某企业2012年末预付下年度书报费2 400元。

此项经济业务中,2012年末支付的书报费属于2013年的费用,支付时不应列入2012年费用,暂列入预付账款,2013年再调整计入费用中。

应编制如下相关会计分录:

2012年末支付书报费

借:预付账款　　2 400

　贷:银行存款　　2 400

2013年1月调整书报费

借:管理费用　　2 400

　贷:预付账款　　2 400

【例】某企业2012年7月租入厂房,年租金240 000元,租期为3年,租金按年于每年7月预付。

此项经济业务中,年租金240 000元,月租金为20 000元,每年7月一次支付租金240 000元,应暂列入预付账款,按月摊销计入费用中。

应编制如下相关会计分录:

每年支付租金:

借:预付账款　　240 000

　贷:银行存款　　240 000

每月摊销租金费用:

借:制造费用　　20 000

　贷:预付账款　　20 000

(三)固定资产折旧的账款调整

企业购置固定资产的支出,金额较大,且使用寿命较长,为了正确计算损益,应将购置固定资产的支出列入其预计各年使用寿命中,称为固定资产折旧。折旧额一般按月计提,将固定资产支出按月调整计入成本费用中。

【例】某企业为增值税一般纳税企业。2012年6月购入一台生产用设备,取得增值税专用发票,价款100 000元,增值税17 000元。款已付,设备已收到并交付使用。该设备折旧年限为10年，预计净残值为0。

此项经济业务中，2012年6月一次支付生产设备成本100 000元，而该生产设备预计可为企业带来10年的经济利益，因此应将其成本平均计入10年的成本费用中。每年折旧额应为10 000元，每月折旧额应为833.33元。

应编制如下相关会计分录：

2012年6月付款：

借：固定资产　　　　　　　　　　100 000

　　应交税费——应交增值税（进项税额）　17 000

　　贷：银行存款　　　　　　　　　　117 000

每月计提折旧：

借：制造费用　　　　833.33

　　贷：累计折旧　　　　833.33

## 四、试算平衡

试算平衡，是指在会计期末对所有账户的发生额和余额进行加总，确定借方合计和贷方合计是否相等，从而检查和验证账户记录是否正确的方法。

在实际工作中，试算平衡是通过编制试算平衡表来完成的。在编制试算平衡表之前，需要检查本期所有记账凭证是否都正确过账，然后，再结算出各个账户本期的借方发生额、贷方发生额和期末余额。

试算平衡公式如下：

全部账户本期借方发生额合计=全部账户本期贷方发生额

全部账户借方余额合计=全部账户贷方余额合计

上述第一个试算平衡公式为发生额试算平衡公式，其理论依据是借贷记账法的记账规则："有借必有贷，借贷必相等。"按照借贷记账法的记账规则，每发生一笔经济业务，都必须在两个或两个以上账户中记录，即在一个账户的借方记录，同时另一方面在另一个账户的贷方记录；并且，记入借方账户的金额和记入贷方账户的金额必然相等。因此，如果将本期发生的全部经济业务所涉及的账户金额加总，全部账户本期借方发生额合计与全部账户本期贷方发生额合计必然相等。

上述第二个试算平衡公式为余额试算平衡公式，其理论依据是会计恒等式：资产=负债+所有者权益。会计恒等式反映了任何一个时点某一会计主体的全部资产及这些资产的来源情况。从账户的内容来看，费用类账户和收入类账户一般没有余额，资产类账户余额在借方，负债和所有者权益类账户余额在贷方。全部账户借方余额合计为资产总额，全部账户贷方余额合计为负债和所有者权益总额，根据"资产=负债+所有者权益"这一会计等式，因此，全部账户的借方余额合计等于全部账户贷方余额合计。

**总分类账户试算平衡表基本格式如下：（简表）**

| 账户名称 | 期初余额 | | 本期发生额 | | 期末余额 | |
|---|---|---|---|---|---|---|
| | 借方 | 贷方 | 借方 | 贷方 | 借方 | 贷方 |
| 库存现金 | 1 000 | | 38 900 | 15 600 | 24 300 | |
| 银行存款 | 20 000 | | 98 450 | 104 750 | 13 700 | |
| 应收账款 | 50 000 | | 4 5000 | 75 800 | 19 200 | |
| 原材料 | 30 000 | | 40 000 | 28 000 | 42 000 | |
| 固定资产 | 100 000 | | | | 100 000 | |
| 管理费用 | | | 1 800 | 1 800 | | |
| 实收资本 | | 200 000 | | | | 200 000 |
| 本年利润 | | 1 000 | 1 800 | | 800 | |
| 合计 | 201 000 | 210 000 | 225 950 | 225 950 | 200 000 | 200 000 |

若试算结果不平衡，则可以肯定记账、算账过程存在差错，需要重新检查记账、算账过程，找出差错原因，及时加以更正。但试算平衡表也有局限性，表现在：如果试算结果是平衡的，也不能肯定记账、算账过程就没有差错，因为可能存在对某项或某几项经济业务全部漏记，或者全部重记，或者借贷方向记错而金额相等等现象。如果上述情况发生，试算结果也可能平衡。这就要求会计人员在平时记账、算账工作中，要认真仔细。

## 五、对账与结账

账项调整后，试算平衡表是平衡的，意味着本期有关的全部会计事项已登记入账，账务处理过程不存在明显的差错，下一步就是对账与结账。对账就是将总分类账与其所属的明细分类账进行核对，保证总分类账余额与所属明细账余额之和相等，对账务处理的准确性再次进行核算检查。对对账无误的总分类账与明细分类账，分别结计出本期发生额及期末余额，即为结账。

## 六、编制会计报表

编制会计报表是会计核算的最终目的。在账簿中记录的会计信息，虽然比记账凭证所反映的信息更加条理化、系统化，但从某一会计期间经济活动的整体情况看，它所提供的信息仍然是比较分散的、片面的。为了总括地向有关方面报告企业经营情况和财务活动情况，还必须对账簿记录的资料，加以整理、计算和汇总，编制成会计报表。

会计报表是综合反映一定时期企业的财务状况和经营成果的文件，是企业向外传递会计信息的主要途径。会计报表主要有资产负债表、利润表、现金流量表和所有者权益变动表。其中资产负债表和利润表为最基本的会计报表。

**关键概念**

会计记账程序　过账　账项调整　试算平衡　对账　结账

**思考题**

1. 你怎么理解会计记账程序。
2. 如果你是一个公司的工资会计,想想看,你的日常主要工作是什么。
3. 如果你是一个公司的总账会计,想想看,你的日常主要工作是什么。
4. 期末为什么需要进行账项调整才能结账。
5. 编制会计报表是一个会计循环周期的结束工作吗?

# 第三讲 会计凭证的审核和填制

会计凭证是记录经济业务发生或完成情况的书面证明,是登记会计账簿的依据。通常,按其填制的程序和用途,可以将会计凭证分为原始凭证和记账凭证两类。

原始凭证又称单据,是指在经济业务发生或完成时取得或填制的,用以记录和证明经济业务的发生或完成情况的书面证明,它是会计核算的原始资料和重要依据。原始凭证按来源不同,可分为自制原始凭证和外来原始凭证。自制原始凭证如借款单、费用报销单、领料单等;外来原始凭证如采购材料取得的发票等。原始凭证按填制方法和内容不同,可分为一次凭证、累计凭证和汇总凭证。一次凭证如借款单等;累计凭证如限额领料单;汇总凭证如发料凭证汇总表、工资汇总表等。

记账凭证是指会计人员根据审核无误的原始凭证,按照经济业务的内容加以归类,并据以确定会计分录后所填制的会计凭证,是登记会计账簿的直接依据。记账凭证按使用范围不同,可分为通用记账凭证和专用记账凭证。通用记账凭证可以用来反映所有的经济业务;专用记账凭证按所反映内容不同,可分为收款凭证、付款凭证和转账凭证。收款凭证用于反映现金、银行存款增加的经济业务;付款凭证用于反映现金、银行存款减少的经济业务;转账凭证用于反映不涉及现金和银行存款的经济业务。

## 一、会计凭证的书写要求

1. 阿拉伯数字应当一个一个地写,不得连笔写。阿拉伯合计金额数字前面应当书写人民币符号“¥”,人民币符号与阿拉伯金额数字之间不得留有空白。

2. 所有以元为单位的阿拉伯数字,除表示单价外,一律填写到“角分”;无“角分”的可写“00”或者“-”符号;有角无分的,分位应当写“0”,不得用“-”符号代替。

3. 汉字大写金额数字,如零、壹、贰、叁、肆、伍、陆、柒、捌、玖、拾、佰、仟、万、亿等,一律用正楷或者行书体书写,不得用〇、一、二、三、四、五、六、七、八、九、十等简化字代替,不得任意自造简化字。大写金额数字到元或者角为止的,在“元”或者“角”之后应当写“整”或“正”字;大写金额数字有“分”的,“分”后面不写“整”或“正”字。如,1 800元,大写为人民币壹仟捌佰元正;1 800.70元,大写为“人民币壹仟捌佰元零柒角正”; 1800.72元,大写为“人民币壹仟捌佰元零柒角贰分”,或者大写为“人民币壹仟捌佰元柒角贰分”。

4. 大写金额数字前未印有货币名称的,应当加填货币名称“人民币”,”人民币”与大写金额数字之间不得留有空白。

5. 阿拉伯金额数字中间有“0”时,汉字大写金额数字要写“零”字;阿拉伯金额数字中间连续有几个“0”时,汉字大写金额数字中可以只写一个“零”字;阿拉伯金额数字元位是“0”,或者数字中间连续有几个“0”,元位也是“0”但角位不是“0”时,汉字大写金额数字可以只写一个“零”字,也可以不写“零”字。

6. 会计凭证上的日期如果要求大写,也要使用“零、壹、贰、叁、肆、伍、陆、柒、捌、玖、拾”来规范书写,不得使用简化字代替。银行结算制度规定,在填写壹月与贰月前应加“零”字;在填写壹日至玫日前应加“零”字;在填写拾壹日至拾玫日前应加“壹”字。如,1月5日,大写应为“零壹月零伍日”;2月19日,大写应为“零贰月壹拾玫日”;3月8日,大写应为“叁月零捌日”。

## 二、原始凭证的填制要求

1. 原始凭证必须具备的内容

(1)原始凭证的名称;

(2)填制原始凭证的日期;

(3)接受原始凭证的单位名称;

(4)经济业务的内容;

(5)填制单位及填制人员姓名;

(6)经办人员的签名或者盖章;

(7)凭证附件。

2. 从外单位取得的原始凭证,必须盖有填制单位的公章;从个人取得的原始凭证,必须有填制人员的签名或者盖章。自制原始凭证必须有经办单位领导人或者指定人员的签名或者盖章。对外本单位开出的原始凭证,必须加盖本单位公章。

3. 凡既有大写金额,又有小写金额的原始凭证,大写金额与小写金额必须相符。购买实物的原始凭证,必须有验收证明。支付款项的原始凭证,必须有收款单位或收款人的收款证明。

4. 一式几联的原始凭证,应当注明各联的用途,只能有一联作为报销凭证。一式几联的发票和收据,必须用双面复写纸套写,并连续编号。作废时应当加盖“作废”戳记,连同存根一起保存,不得撕毁。

5. 职工公出借款凭据,必须附在记账凭证之后。收回借款时,应当另开收据或者退还借据副本,不得退还原借款凭据。

6. 原始凭证不得涂改、挖补。原始凭证上的日期、金额及收款人名称填写错误,应当重新填制,不得更改。原始凭证上的其他项目如有错误,应由开出单位重新填制或予以更正,更正处应当加盖开出单位的公章。

7. 原始凭证不得外借,其他单位如因特殊原因需要使用原始凭证,经本单位会计机构负责人、会计主管人员批准,可以复印。向外单位提供的原始凭证复印件,应当在专设的登记簿上登记,并由提供人员和收取人员共同签名或者盖章。

8. 从外单位取得的原始凭证如有遗失,应当取得原开出单位盖有公章的证明,并注明原来凭证的号码、金额和内容等,由经办单位会计机构负责人、会计主管人员和单位领导人批准后,才能代作原始凭证。如果确实无法取得证明,如火车、轮船、飞机票等凭证,由当事人写出详细情况,由经办单位会计机构负责人、会计主管人员和单位领导人批准后,代作原始凭证。

## 三、记账凭证的填制要求

1. 记账凭证必须具备的内容

(1)填制凭证的日期;

(2)凭证编号;

(3)经济业务摘要;

(4)会计科目;

(5)金额;

(6)所附原始凭证张数;

(7)填制人员、复核人员、记账人员、会计机构负责人签名或者盖章。收款和付款凭证还应当由出纳人员签名或者盖章。

2. 根据审核无误的原始凭证填制记账凭证。除结账和更正错误的记账凭证可以不附原始凭证外,其他记账凭证必须附原始凭证。如果一张原始凭证涉及几张记账凭证,可以把原始凭证附在一张主要的记账凭证后面,并在其他记账凭证上注明附有原始凭证的记账凭证编号或者原始凭证的复印件。

3. 记账凭证可以根据每一张原始凭证填制,也可以根据若干张同类原始凭证汇总填制,还可以根据原始凭证汇总表填制。但不得将不同内容和类别的原始凭证汇总填制在一张记账凭证上。

4. 填制记账凭证时,应当对记账凭证进行连续编号。一笔经济业务需要填制两张以上记账凭证的,可以采用分数编号法编号。记账凭证的编号一般一个月循环一次。每月最后一张记账凭证的编号旁边可加注“全”字,以免凭证散失。

(1)若企业采用通用记账凭证,则应按编制顺序从“1”开始依次确定每张记账凭证的编号。如编制第3笔业务的记账凭证时,编号应为“记字第3号”。

(2)若企业采用专用记账凭证,则应分类编号。即收款凭证从“1”开始顺序编号,付款凭证也从“1”开始顺序编号,转账凭证也从“1”开始顺序编号。如编号“收字第5号”代表本月第 5 笔收款业务；编号“付字第 7 号”代表本月第 7 笔付款业务；编号“转字第 10 号”代表本月第 10 笔转账业务。

(3) 若一笔经济业务需要同时编制多张记账凭证，则应采用分数编号法进行凭证编号。如本月发生的第 8 笔转账业务，需要填制三张转账凭证，则这三张凭证的编号应为“转字第 1/8 号”、”转字第 2/8 号”、”转字第 3/8 号”。

(4)若企业收、付款业务较多，可将收、付款业务分为现收、现付、银行收和银行付四类，每类业务按顺序编号。如本月第 1 笔现金收款业务，编号应为“现收字第1号”。本月第 5 笔银行存款付款业务，编号应为“银付字第 5 号”。

5. 摘要的填写应做到真实准确、简明扼要，能够反映经济业务的内容。

6. 账户名称应填写全称，不得简写或只写编号，不得用其他符号代替。根据需要填写二级科目及明细科目，应按先借后贷的顺序填写。

7. 记账凭证的金额必须与所附原始凭证的金额相符，并按要求书写。

(1) 用阿拉伯数字填写，数码要填写在本位数的下二分之一处：数码1、2、3、4、5、8、0必须在格内二分之一之间，不能超出上下线，也不能写得太小；数码7、6、9可以超过二分之一上格或下格。

(2) 要在金额合计行填写合计金额，并在合计栏金额首位数前一位空格填写人民币符号“¥”，其他行不用书写。

(3) 记账凭证填制完经济业务事项后，如有空行，应用空格线“-”画在空格行栏内。空格线的上端顶在第一个空格行的分位右上角，下端应在最后一个空格行最大分位线左下角，空格线的横线长度不能超过二至三位的分位线。

8. “附单据张数”应用汉字大写数字“零、壹、贰、叁、肆、伍、陆、柒、捌、玖、拾”填写，不准用小写或简化字代替。若依据原始凭证编制了原始凭证汇总表，则记账凭证上应填附单据为壹张，原始凭证的实际张数应填在原始凭证汇总表上。如职工报销汽车票 20 张，共计 300 元。该职工应将汽车票贴在一张纸上，会计人员据此填制原始凭证汇总表，并在该原始凭证汇总表上注明“附件20张”，但在编制的记账凭证上应注明“附单据壹张”。

9. 记账凭证填制完成后，应由有关人员签名或盖章，以明确责任。

(1) 签名应写姓名全称，不得简化，印章要用红色印油加盖整齐、清楚；

(2) 填制人员填制完毕后应签章；

(3) 复核人员审核后签章；

(4) 会计主管人员复核后签章；

(5) 记账人员记账后签章；

(6) 收、付款凭证在出纳人员收、付款后签章。

10. 如果记账凭证填制有误，应当重新填制。

**关键概念**

会计凭证　　原始凭证　　记账凭证

**思考题**

1. 如果你是一个公司的会计,一位职工报销差旅费,请说明一下你应做哪些工作。

2. 如果你是一个公司的会计,材料采购员报销采购费用,采购发票上本单位名称写法有误,你该怎么办。

3. 如果你是一个公司的出纳,公司一名员工公出培训,不慎将培训费报销单丢失了,咨询你该怎么办,你该如何回答他。

4. 填制好记账凭证后,是应该直接将原始凭证附上,还是等月末装订时再附。

5. 你如果不慎将记账凭证填错了,你准备怎么办。

# 第四讲　登记会计账簿

## 一、登记会计账簿的基本要求

1. 登记账簿要用蓝黑墨水或者碳素墨水书写，不得使用铅笔和圆珠笔书写。

下列情况，可以用红色墨水记账：

(1) 按照红字冲销法的记账凭证，冲销错误记录；

(2) 在不设借贷等栏的多栏式账页中，登记减少数；

(3) 在三栏式账户的余额栏前，如未印明余额方向的，在余额栏内登记负数余额；

(4) 根据国家统一会计制度的规定可以用红字登记的其他会计记录。

2. 登记会计账簿时，应当将会计凭证日期、编号、业务内容摘要、金额和其他有关资料逐项记入账内，做到数字准确、摘要清楚、登记及时、字迹工整。

3. 登记完毕后，要在记账凭证上签名或者盖章，并注明已经登账的符号，表示已经记账。

4. 账簿中书写的文字和数字上面要留有适当空格，不要写满格，一般应占格距的二分之一，数码的书写要求同记账凭证。

5. 凡需要结出余额的账户，结出余额后，应当在“借或贷”栏内写明“借”或者“贷”等字样。没有余额的账户，应当在“借或贷”栏内写“平”字，并在余额栏的元位内写“Q”。现金日记账与银行存款日记账必须逐日结出余额。

6. 各种账簿应按页次顺序连续登记，不得跳行、隔页。如果发生跳行、隔页，应当将空行、空页画线注销，或者注明“此行空白”、”此页空白”字样，并加盖记账人员印章。

7. 每一账页登记完毕结转下页时，应当结出本页合计数及余额，写在本页最后一行和下页第一行有关栏内，并在摘要栏内注明“过次页”和“承前页”字样；也可以将本页合计数及金额只写在下页第一行有关栏内，并在摘要栏内注明“承前页”字样。

对需要结计本月发生额的账户，“过次页” 的金额应为本月初起至本页末止的累计金额。对需要结计本年累计发生额的账户，“过次页”的金额应为本年初至本页末止的累计金额。对既不需要结计本月发生额也不需要结计本年累计发生额的账户，“过次页”的金额为本页发生额的合计数。

8. 账簿记录发生错误，不准涂改、挖补、刮擦或者用药水消除字迹，不准重新抄写，必须采用正确的方法更正。

## 二、错账的更正方法

### (一)划线更正法

划线更正法是指记账凭证正确,账簿记录中的文字或数字书写错误的一种更正方法。

更正时,在错误的文字或全部数字正中画一道红线表示注销,然后在错误数字或文字上方写上正确的数字或文字,并由经办人员在更正处加盖印章,以示负责。画线时必须保持画去的数字或文字清晰可辨,不能涂抹。对于错误的数字应当将数字全部画红线更正,不得只更正其中的错误数码。对于文字错误,可只画去错误的部分。例如,某职工报销差旅费9 800元,编制的记账凭证为:借记“管理费用”9 800元,贷记“其他应收款”9 800元。记账人员在登记管理费用明细账时误记为8 900元。对于此项账簿记录中的错误,应在错误处将“8 900”从正中画红线,并在上方用蓝字书写正确的金额“9 800”。不能只画去“89”后进行更正。

若应记借方,记账时误记在贷方,可将已记的贷方金额画红线,直接在同一行的借方栏登记正确的金额。同理,若应记贷方,记账时误记在借方,可将已记的借方金额画红线,直接在同一行的贷方栏登记正确的金额。

### (二)红字更正法

红字更正法,也称红字冲销法,是指记账凭证编制错误导致账簿记录错误的一种更正方法。

记账凭证编制错误导致的账簿记录错误包括,记账凭证中应借、应贷的会计科目发生错误导致的账簿记录错误,及记账凭证中应借、应贷的会计科目正确但金额多记导致的账簿记录错误。

1. 记账后,发现记账凭证中应借、应贷会计科目发生错误,并已登记入账,采用红字更正法更正时,应先用红字金额填写一张与原错误凭证内容完全相同的记账凭证,并据以用红字登记入账,以冲销原错误的记录。然后再用蓝字填制一张正确的记账凭证,据以登记入账。例如,某企业基本生产车间为制造甲产品领用材料17 000元。填制的记账凭证如下,并已登记入账。

借:制造费用　　17 000

　贷:原材料　　17 000

生产产品领用的原材料应计入该产品的生产成本账户,不应计入制造费用账户,可见此项错误为记账凭证应用了错误的会计科目而导致的账簿记录错误,应采用红字更正予以更正。更正时,应先填制红字记账凭证,并登记入账,冲销原错误记录。然后,再填制蓝字记账凭证,并登记入账。

红字记账凭证:

借:制造费用　　　　17 000（红字）

　　贷:原材料　　　　17 000（红字）

蓝字记账凭证:

借:生产成本　　　　17 000

　　贷:原材料　　　　17 000

需要说明的是,红字记账凭证只是金额用红字书写,其他项目仍用蓝字书写。根据红字记账凭证登记账簿时,金额需用红字登记。红字凭证的摘要为"冲×××号凭证金额"。

2. 记账后,发现记账凭证中应借、应贷会计科目正确,但金额多记,并已登记入账,采用红字更正法时,按多记金额用红字填制一张记账凭证,并登记入账,据以冲销原多记金额。例如,某企业收到外单位前欠货款2 000元,存入银行。填制的记账凭证如下,并已登记入账。

借:银行存款　　　　20 000

　　贷:应收账款　　　　20 000

此项经济业务的记账凭证中应用的会计科目是正确的,但金额多记了18 000元,应采用红字更正法予以更正。更正时,用红字填制金额为18 000元的记账凭证,并登记入账,冲销原多记金额。

借:银行存款　　　　18 000

　　贷:应收账款　　　　18 000

(三)补充登记法

补充登记法是指记账凭证中的应借、应贷会计科目正确,但金额少记导致账簿记录错误的一种更正方法。更正时,按少记金额另行填制一张记账凭证,并据以登记入账,补充登记少记的金额。该凭证摘要为"补凭证金额"。例如,某企业基本生产车间完工甲产品,验收入库,成本为95 480元,填制如下记账凭证,并已登记入账。

借:库存商品　　　　94 580

　　贷:生产成本　　　　94 580

此项经济业务编制的记账凭证应用的会计科目是正确的,但金额少记了900元,应采用补充登记法予以更正。更正时,按少记金额900元补填一张如下记账凭证,并登记入账。

借:库存商品　　　　900

　　贷:生产成本　　　　900

## 三、总账与明细账的平行登记

平行登记,是指对每一项经济业务,既要在有关总账账户中进行总括登记,又要在所属的明细账中进行详细登记。平行登记的具体要求是：

(一)同依据登记

同依据登记是指总分类账和所属明细分类账都应根据同一记账凭证进行登记。

(二)同期间登记

同期间登记是指每一项经济业务,应在同一月份内,既要记入有关总分类账内,又要记入所属明细分类账内。

(三)同方向登记

同方向登记是指总分类账和所属明细分类账在登记同一项经济业务时，双方的记账方向必须一致。即总分类账记借方,所属明细分类账也应记借方,总分类账记贷方,所属明细账也应记贷方。

(四)同金额登记

同金额登记是指总分类账和所属明细分类账在登记同一项经济业务时，总分类账登记的金额必须与所属明细分类账登记的金额之和相等。

按照平等登记方法进行登记的结果是，总分类账和所属明细分类账之间必然存在如下金额平衡关系：

总账期初余额=所属明细账期初余额之和

总账本期借方发生额=所属明细账本期借方发生额之和

总账本期贷方发生额=所属明细账本期贷方发生额之和

总账期末余额=所属明细账期末余额之和

上述平衡关系必须存在,若平衡关系不存在,则表示账簿记录出现错误,应及时查找,予以更正。只有所有总分类账与其所属明细账之间均存在平衡关系,才可进行月末结账。会计实务中,月末通过编制“×××明细表”来验证平衡关系的正确性。

现以“原材料”为例,说明总分类账和所属明细账的平行登记原理。

【例】某企业2012年8月“原材料”总账及所属明细账期初余额如下：

“原材料”期初余额10 000元,其中：

甲材料20吨,单价320元,金额6 400元

乙材料10吨,单价360元,金额3 600元

该企业8月发生如下经济业务：

(1) 从A公司购进甲材料10吨,单价320元,金额3 200元,材料已验收入库,款已付。该业务编制如下会计分录：

借:原材料—甲材料　　　　3 200

　　贷:银行存款　　　　　　3 200

(2) 从B公司购进甲材料15吨，单价320元，乙材料20吨，单价360元，货款共计12 000元，材料已验收入库，款尚未支付。该业务编制如下会计分录：

借：原材料——甲材料　　4 800

　　　　——乙材料　　7 200

　贷：应付账款　　　　　　12 000

(3)车间生产产品领用甲材料30吨，单价320元，金额9 600元，乙材料25吨，单价360元，金额9 000元。该业务编制如下会计分录：

借：生产成本　　　　　　18 600

　贷：原材料——甲材料　　　9 600

　　　　　——乙材料　　　9 000

根据上述期初余额资料和所编制的会计分录，采用平行登记方法登记"原材料"总账及所属明细账，并分别计算各账户的本期发生额和期末余额，见下表。

**总账**

总账科目：原材料

| 2012年 | | 凭证 | | 摘要 | 借方 | 贷方 | 借或贷 | 余额 |
|---|---|---|---|---|---|---|---|---|
| 月 | 日 | 字 | 号 | | | | | |
| 8 | 1 | | | 期初余额 | | | 借 | 10 000 |
| | × | | (1) | 购入 | 3 200 | | | |
| | × | | (2) | 购入 | 12 000 | | | |
| | × | | (3) | 领用 | | 18 600 | 贷 | 6 600 |
| | 31 | | | 本月合计 | 15 200 | 18 600 | | |

**材料明细账**

明细科目：甲材料　　　　　　　　　　　　　　　　单位：吨

| 2012年 | | 凭证 | | 摘要 | 收入 | | | 发出 | | | 结存 | | |
|---|---|---|---|---|---|---|---|---|---|---|---|---|---|
| 月 | 日 | 字 | 号 | | 数量 | 单价 | 金额 | 数量 | 单价 | 金额 | 数量 | 单价 | 金额 |
| 8 | 1 | | | 期初余额 | | | | | | | 20 | 320 | 6 400 |
| | × | | (1) | 购入 | 10 | 320 | 3 200 | | | | 30 | 320 | 9 600 |
| | × | | (2) | 购入 | 15 | 320 | 4 800 | | | | 45 | 320 | 14 400 |
| | × | | (3) | 发出 | | | | 30 | 320 | 9 600 | 15 | 320 | 4 800 |
| | 31 | | | 本月合计 | 25 | 320 | 8 000 | 30 | 320 | 9 600 | | | |

**材料明细账**

明细科目:乙材料　　　　　　　　　　　　　　　　　　　　　　　单位:吨

| 2012年 | | 凭证 | | 摘要 | 收入 | | | 发出 | | | 结存 | | |
|---|---|---|---|---|---|---|---|---|---|---|---|---|---|
| 月 | 日 | 字 | 号 | | 数量 | 单价 | 金额 | 数量 | 单价 | 金额 | 数量 | 单价 | 金额 |
| 8 | 1 | | | 期初余额 | | | | | | | 10 | 360 | 3 600 |
| | × | | (2) | 购入 | 20 | 360 | 720 | | | | 30 | 360 | 10 800 |
| | × | | (3) | 发出 | | | | 25 | 360 | 9 000 | 5 | 360 | 1 800 |
| | 31 | | | 本月合计 | 20 | 360 | 7 200 | 25 | 360 | 9 000 | | | |

**原材料明细表**

| 明细科目 | 计量单位 | 期初余额 | 借方发生额 | 贷方发生额 | 期末余额 |
|---|---|---|---|---|---|
| 甲材料 | 吨 | 6 400 | 8 000 | 9 600 | 4 800 |
| 乙材料 | 吨 | 3 600 | 7 200 | 9 000 | 1 800 |
| 合计 | | 10 000 | 15 200 | 18 600 | 6 600 |

## 四、账务处理程序

账务处理程序是指根据会计凭证登记账簿,再根据账簿资料编制会计报表的基本过程和程序。

常用的账务处理程序有:记账凭证账务处理程序;科目汇总表账务处理程序等。各种账务处理程序的主要区别在于登记总账的依据和方法不同。

### (一)记账凭证账务处理程序

记账凭证账务处理程序是指根据记账凭证逐笔登记总账及明细账的一种账务处理程序,是一种最基本的账务处理程序。

记账凭证账务处理程序的具体工作步骤如下:

1. 根据原始凭证或原始凭证汇总表填制记账凭证;
2. 根据记账凭证逐笔顺序登记现金日记账和银行存款日记账;
3. 根据记账凭证或原始凭证、原始凭证汇总表登记各种明细账;
4. 根据记账凭证逐笔登记总账;
5. 按照对账的要求,定期将总账与日记账、明细账核对相符,并结账;
6. 根据总账和明细账,编制会计报表。

记账凭证账务处理程序的优点是:手续简便、程序简明、便于操作;记账凭证和账簿记录均清晰反映账户对应关系,便于分析经济业务的具体内容。

记账凭证账务处理程序的缺点是:登记总账的工作量大。因此,记账凭证账务处理程序一般只适用于规模较小、业务量较少、凭证不多的企业单位。

(二)科目汇总表账务处理程序

科目汇总表账务处理程序是指根据记账凭证逐笔登记明细账,定期编制科目汇总表,然后根据科目汇总表登记总账的一种账务处理程序。一般适用于生产规模较大,业务较多的单位。

科目汇总表是指企业编制的反映各总账科目本期借方发生额合计与本期贷方发生额合计的一种会计凭证。根据借贷记账法的记账规则,所有账户的本期借方发生额合计与所有账户的本期贷方发生额合计应相等。企业据此登记各总账账簿。

科目汇总表的一般格式如下表:

科目汇总表

编制单位:　　　　____年__月__日至__日　　　　第___页

| 账户名称 | 账页 | 本期发生额 | | 记账凭证起讫号数 |
|---|---|---|---|---|
| | | 借方 | 贷方 | |
| | | | | |
| 合计 | | | | |

科目汇总表账务处理程序的具体工作步骤如下:

1. 根据原始凭证或原始凭证汇总表填制记账凭证;
2. 根据记账凭证逐笔顺序登记现金日记账和银行存款日记账;
3. 根据记账凭证或原始凭证、原始凭证汇总表逐笔登记各种明细账;
4. 根据记账凭证编制科目汇总表;
5. 根据科目汇总表登记总账;
6. 按照对账的要求,定期将总账与日记账、明细账核对相符,并结账;
7. 根据总账和明细账,编制会计报表。

科目汇总表账务处理程序的优点是:凭证汇总手续比较简便;大大减少了登记总账的工作量;可以根据科目汇总表定期进行试算平衡,及时发现问题,减少会计核算工作中的差错。

科目汇总表账务处理程序的缺点是:总账只能反映借方发生总额和贷方发生总额,不能反映账户之间的对应关系,不便于对经济活动进行分析和检查。因此,科目汇总表账务处理程序一般适用于规模较大、经济业务较多但不是很复杂的大、中型企业单位。

## 五、对账

对账是指在结账前,进行账簿记录和会计凭证之间、各种账簿之间、账簿记录与实物及货币资产实际结存数之间的核对。

对账主要包括账证核对、账账核对、账实核对等三个方面的内容。

(一)账证核对

账证核对是指将各种账簿记录与记账凭证及其所附原始凭证进行核对。核对账簿记录与原始凭证、记账凭证的时间、凭证字号、内容、金额是否一致,记账方向是否相符。

(二)账账核对

账账核对是指对各种账簿之间的有关记录进行核对。

账账核算主要包括如下内容:

1. 日记账与总账的核对,即检查以下等式是否存在:

现金日记账余额 = 现金总账余额

银行存款日记账余额 = 银行存款总账余额

2. 总账与总账的核对,即检查如下等式是否存在:

所有总账的期初借方余额合计数 = 所有总账的期初贷方余额合计数

所有总账的本期借方发生额合计数 = 所有总账的本期贷方发生额合计数

所有总账的期末借方余额合计数 = 所有总账的期末贷方合计数

3. 总账与明细账的核对,即检查如下等式是否存在:

某总账的期初余额 = 该总账所属明细账期初余额之和

某总账的本期借方发生额 = 该总账所属明细账本期借方发生额之和

某总账的本期贷方发生额 = 该总账所属明细账本期贷方发生额之和

某总账的期末余额 = 该总账所属明细账期末余额之和

4. 会计账与保管账、使用账的核对,即检查如下等式是否存在:

会计账某资产余额 = 该资产保管账余额或使用账余额

(三)账实核对

账实核对是指账簿记录与各项财产物资和货币资产的实际结存数之间的核对。具体包括:

1. 现金日记账的余额与实际库存现金核对相符;
2. 银行存款日记账余额与银行对账单余额核对相符;
3. 应收款项余额与债务方记录核对相符;
4. 应付款项余额与债权方记录核对相符;
5. 实物资产的账面余额与实物资产实际数核对相符。

## 六、结账

结账是指在本期内所发生的经济业务全部登记入账的基础上，在会计期末结计出各账户的本期发生额和期末余额,为编制会计报表提供资料。

1. 结账前必须将本期内所发生的各项经济业务全部登记入账。

2. 对不需要按月结计本月发生额的账户，如应收账款明细账和各项财产物资明细账。这类账户应逐笔结出余额，月末结账时只需在最后一笔经济业务记录下面通栏画单红线，不需要再结一次余额。

3. 对需要按月结计发生额的账户，如现金日记账、银行存款日记账、各种收入明细账、各种费用明细账。这类账户每月结账时，应在最后一笔经济业务记录下面通栏画单红线；在下一行内结出本月借方合计与贷方合计，不需登记余额数，并在摘要栏内注明“本月合计”字样，同时在下面再通栏画单红线。若这些账户本月只有一笔发生额，结账时，只需在此行记录下通栏画一单红线，不需另行结计“本月合计”数。余额应填列在最后一笔业务的余额栏内，本月合计行可不登记余额。

4. 对需要按月结计本年累计发生额的账户，如各种收入明细账、各种成本明细账。这类账户每月结账时，除需要按月结计“本月合计”外，还需按月结计“本年累计”，所以每月结账时，应在最后一笔经济业务记录下面通栏画单红线；在下一行内结出本月借方合计与贷方合计，并在摘要栏内注明“本月合计”字样，同时在下面通栏画单红线；在“本月合计”行的下一行内结出自年初起至本月末止的本年累计借方与本年累计贷方，并在摘要栏内注明“本年累计”字样，同时在下面通栏再画一单红线。但每年1月末，只需结计“本月合计”，不需结计“本年累计”。

若本月业务登记结束时，账页下还剩最后一行，应在最后一行摘要栏内注明“过次页”字样，下一页第一行的摘要栏内应注明“承前页”字样，然后按顺序结计“本月合计”及“本年累计”，并按要求依次通栏画红线；对不需要结计“本月合计”与“本年累计”的账户，可直接在本月最后一笔业务栏内结出余额，并在下面通栏画单红线，下一行直接登记下月的第一笔业务。

若本月业务登记结束时，账页上还剩二行时，可在下二行顺序登记“本月合计”及“本年累计”，并按要求依次画通栏红线，不需要登记“过次页”。下页第一行应填写“承前页”，只登记余额，不登记借贷方金额。

若本月业务登记结束时，账页上还剩三行，第一行填写“本月合计”内容；第二行填写“本年累计”内容；第三行直接登记下月第一笔业务，同时结出本页余额。翻页后第一行“承前页”填写上页最后一行业务的发生额及余额。

5. 总账账户平时只需在月末结出余额，不需画红线；年终应结出全年发生额和年末余额，并在摘要栏内注明“本年合计”字样，同时在下面通栏画双红线。

6. 会计年度终了，要把各账户的余额结转到下一会计年度，并在摘要栏内注明“结转下年”字样，不登记金额；在下一会计年度新建账簿的第一行余额栏内写上年结转的余额，并在摘要栏内注明“上年结转”字样。

**关键概念**

划线更正法　　红字更正法　　补充登记账　　平行登记　　账务处理程序

**思考题**

1. 打开你的总账账本,说说看,你是如何登记总账的。

2. 说明三种错账更正方法的适用范围。

3. 你是如何理解平行登记方法的。

4. 如果你工作的单位只有你一位会计,当采用记账凭证账务处理程序时,你该如何安排你的日常工作。

5. 如果你工作的单位只有你一位会计,另有一位出纳人员,当单位业务量不多时,你准备采用什么账务处理程序,你该如何安排你的日常工作。

# 第五讲　会计档案

## 一、会计档案的内容

会计档案是指会计凭证、会计账簿和财务会计报告等会计核算的专业材料，它是记录和反映经济业务的重要史料和证据。

会计档案包括：

(1)会计凭证；

(2)会计账簿；

(3)财务会计报告；

(4)其他会计资料，如银行存款余额调节表、银行对账单、会计档案移交清册、会计档案保管清册、会计档案销毁清册等。

## 二、会计档案的整理归类和装订

会计年度终了后，各单位应当由会计机构按照归档要求，采用分类标准统一、档案形成统一、管理要求统一的办法，对会计资料进行整理立卷，装订成册，编制会计档案保管清册。

会计档案的装订主要包括会计凭证、会计账簿和会计报表及其他会计资料的装订。会计凭证一般每月装订一次，装订好的凭证按年份月份妥善保管归档；会计账簿在年度结账后，除跨年使用的账簿外，其他账簿应按时整理立卷。会计账簿按保管期限分别编制卷号，顺序为总账、日记账、各类明细账和辅助账。会计报表编制完成及时报送后，留存的报表按月装订成册，按保管期限编制卷号，装订顺序为：会计报表封面、会计报表编制说明、各种会计报表按会计报表的编号顺序排列、会计报表的封底。

## 三、会计档案的保管

《会计档案管理办法》第六条规定：“当年形成的会计档案，在会计年度终了后，可暂由会计机构保管一年。期满之后，应当由会计机构编制移交清册，移交本单位档案机构统一保管；未设立档案机构的，应当在会计机构内部指定专人保管。出纳人员不得兼管会计档案。”

会计档案保管的要求是：

1. 档案移交要求。会计机构在将会计档案保管一年后要按程序向档案机构办理移交手续。移交本单位档案机构保管的会计档案,原则上应当保持原卷册的封装。个别需要拆封重新整理的,档案机构应当会同会计机构和经办人员共同拆封整理,以分清责任。

2. 保存要求。会计档案要保管在清洁卫生、干燥通风的地方,注意防盗、防火、防蛀虫。

3. 会计档案保管期限的要求。会计档案的保管期限分为永久、定期二类。定期保管期限分为3年、5年、10年、15年、25年五类。

会计档案的保管期限,从会计年度终了后的第一天算起。

我国企业会计档案保管期限规定如下表:

| 序号 | 档案名称 | 保管期限 | 备注 |
|---|---|---|---|
| 一 | 会计凭证类 | | |
| 1 | 原始凭证 | 15 年 | |
| 2 | 记账凭证 | 15 年 | |
| 3 | 汇总凭证 | 15 年 | |
| 二 | 会计账簿类 | | |
| 4 | 总账 | 15 年 | 包括日记总账 |
| 5 | 明细账 | 15 年 | |
| 6 | 日记账 | 15 年 | 现金和银行存款日记账保管 25 年 |
| 7 | 固定资产卡片 | | 固定资产报废清理后保管 5 年 |
| 8 | 辅助账簿 | 15 年 | |
| 三 | 财务报告类 | | 包括各级主管部门汇总财务报告 |
| 9 | 月、季度财务报告 | 3 年 | 包括文字分析 |
| 10 | 年度财务报告(决算) | 永久 | 包括文字分析 |
| 四 | 其他类 | | |
| 11 | 会计移交清册 | 15 年 | |
| 12 | 会计档案保管清册 | 永久 | |
| 13 | 会计档案销毁清册 | 永久 | |
| 14 | 银行存款余额调节表 | 5 年 | |
| 15 | 银行对账单 | 5 年 | |

## 四、会计档案的查阅和复制

各单位应建立健全会计档案的查阅、复制登记制度。各单位保存的会计档案不得借出。如有特殊需要,经本单位负责人批准,可以提供查阅或者复制,并办理登记手续。查阅或者复制会计档案的人员，严禁在会计档案上涂画、拆封和抽换。

## 五、会计档案的销毁

会计档案保管期满需要销毁时，由本单位档案部门提出销毁意见，会同财务会计部门共同鉴定和审查，编制会计档案销毁清册。会计档案销毁清册是销毁会计档案的记录和报批文件，一般应包括：会计档案的名称、卷号、册数、起止年度和档案编号、应保管期限、已保管期限、销毁日期等内容。单位负责人应当在会计档案销毁清册上签署意见。

对于保管期限已满但未结清的债权债务以及涉及其他未了事项的原始凭证不得销毁，应单独抽出，另行立卷，由档案部门保管到未了事项完结时为止。单独抽出立卷的会计档案，应当在会计档案销毁清册和会计档案保管清册中列明。

各单位按规定销毁会计档案时，应由档案部门和会计部门共同派员监销。监销人在销毁会计档案以前，应当按照会计档案销毁清册所列内容认真进行清点、核对，并在销毁清册上签名盖章，并将监销情况报告本单位负责人。

**关键概念**

会计档案

**思考题**

1. 年末结账后，你准备把本单位当年的资料做怎样的处理。

2. 存放了很多年的会计资料，你准备如何处理。

# 第六讲 会计职业道德

会计人员职业道德是会计人员在会计工作中应当遵循的道德规范。财政部颁发的《会计基础工作规范》对会计人员的职业道德做了全面的规定。基本要求是忠于职守,所有从事会计工作的人员在其会计岗位上,应当恪守职业道德,履行自身所承担的工作职责,完成会计工作所应完成的各项任务。会计职业道德是一种非强制性的规范,与会计法律等强制性规范不同,它是依靠会计人员乃至全体国民的信念、习俗、教育和素质的力量来维持的,是依靠会计职业界自身以及社会舆论来实行监督的。

会计职业道德的基本内容主要包括八个方面:爱岗敬业、诚实守信、廉洁自律、客观公正、坚持准则、提高技能、参与管理和强化服务。

## 一、爱岗敬业

要求会计人员热爱会计工作,安心本职岗位,忠于职守,尽心尽力,尽职尽责。

热爱本职工作,这是做好一切工作的出发点。会计人员只有为自己建立了这个出发点,才会勤奋、努力钻研业务技术,使自己的知识和技能适应具体从事的会计工作的要求。

## 二、诚实守信

要求会计人员做老实人,说老实话,办老实事,执业谨慎,信誉至上,不为利益所诱惑,不弄虚作假,不泄露秘密。

会计人员应当保守本单位的商业秘密,除法律规定和单位领导同意外,不能私自向外界提供或者泄露单位的会计信息。会计人员由于工作性质的原因,有机会了解到本单位的重要机密,如对企业说来,关键技术、工艺规程、配方、控制手段和成本资料等都是非常重要的机密,这些机密一旦泄露给明显的或潜在的竞争对手,会给本单位的经济利益造成重大的损害,对被泄露的单位是非常不公正的。所以,泄露本单位的商业机密,是一种很不道德的行为。会计人员应当确立泄露商业机密是大忌的观念,对于自己知悉的内部机密,在任何时候、任何情况下都要严格保守,不能信口透露,也不能为了一己的私利而向外界泄密。

## 三、廉洁自律

要求会计人员公私分明,不贪不占,遵纪守法,清正廉洁。

## 四、客观公正

要求会计人员端正态度,依法办事,实事求是,不偏不倚,保持应有的独立性。

会计人员在办理会计事务中,应当实事求是,客观公正。这是一种工作态度,也是会计人员追求的一种境界。做好会计工作,无疑是需要专业知识和专门技能的,但这并不足以保证会计工作的质量,有没有实事求是的精神和客观公正的态度,也同样重要,否则,就会把知识和技能用错了地方,甚至参与弄虚作假。

## 五、坚持准则

要求会计人员熟悉国家法律、法规和国家统一的会计制度,始终坚持按法律、法规和国家统一的会计制度的要求进行会计核算,实施会计监督。

法制意识是维护社会主义市场经济秩序,在法律的范围内进行经营活动的重要前提。会计工作不只是单纯的记账、算账、报账工作,会计工作时时、事事、处处涉及执法守规方面的问题。会计人员不单自己应当熟悉财经法律、法规和国家统一的会计制度,还要能结合会计工作进行广泛宣传;做到在自己处理各项经济业务时知法依法、知章循章,依法把关守口;对服务和监督对象则能够进行会计法制宣传,增强他们的法制观念,帮助他们辨明法律上的是与非,促使他们在日常经济活动中依法办事,避免不轨行为。

## 六、提高技能

要求会计人员增强提高专业技能的自觉性和紧迫感,勤学苦练,刻苦钻研,不断进取,提高专业水平。

## 七、参与管理

要求会计人员在做好本职工作的同时,努力钻研相关业务,全面熟悉本单位经营活动和业务流程,主动提出合理化建议,协助领导决策,积极参与管理。

## 八、强化服务

要求会计人员树立服务意识,提高服务质量,努力维护和提升会计职业的良好社会形象。

会计工作的特点决定会计人员应当熟悉本单位的生产经营和业务管理情况，以便运用所掌握的会计知识和会计方法,为改善单位的内部管理、提高经济效益服务做出贡献。社会主义市场经济体制的建立为企业开辟了广阔的天地。在这片广阔天地里驰骋需要过硬的业务本领和服务意识。会计工作是经济管理工作的一部分,把这部分工作做好对所在单位的经济管理至关重要。这也正是会计人员的职责所在。

**关键概念**

诚实守信　　坚持准则　　参与管理　　强化服务

**思考题**

1. 当你准备做一名财务人员时,你怎么做好心理准备。且当面对工作中的困难时,你准备怎么办。

2. 工作外,有人问起你的工作内容,你准备怎么回答呢?

3. 工作中,面对不懂财务知识的领导,你该怎么解释呢?

4. 你是否认为财务人员做好本职工作就可以了。

5. 此次实习已经结束了,你是否喜欢上了会计工作。

# 综合练习参考答案

## 综合练习一

**一、不定项选择题**

1~4 D B AB C　　5~8 ABC D ABC AC

**二、判断改错题**

1. 错误。改正:会计只能核算和监督一个单位能以货币的主量经济活动。
2. 错误。改正:货币是会计的主要计量单位。
3. 错误。改正:会计核算包括记账、算账和报账。
4. 正确。

## 综合练习二

**一、不定项选择题**

1~6 A ABC ABD ABD BCD ABCD

**二、判断改错题**

1. 错误。改正:会计对象是会计核算和监督的内容,即本单位发生的能以货币计量的经济活动。
2. 错误。改正:会计核算的七种方法是相互关联的。
3. 正确。

## 综合练习三

**一、不定项选择题**

1~8 A B A B ACD AB BCD

**二、判断改错题**

1. 错误。改正:资产是指过去的交易或事项形成的,预期能够给企业带来经济利益的各种财产。
2. 错误。改正:长期借款属于负债。
3. 错误。改正:会计要素包括资产、负债、所有者权益、收入、费用和利润六项。
4. 错误。改正:会计要素是对会计对象所作的分类。
5. 错误。改正:应付账款属于负债。
6. 错误。改正:应收账款属于资产。

## 综合练习四

**一、不定项选择题**

1~8 C A A B C ABCD ABCD ABC

**二、判断改错题**

1. 错误。改正:本年利润属于所有者权益。

2. 错误。改正:会计等式包括“资产=负债+所有者权益”和“收入-费用=利润”两个。

3. 错误。改正:负债是指企业承担的,预期需要偿还的各种债务。

## 综合练习五

**单项选择题**

1~5 B A A D B  6~10 D B C B D  11~15 A B C C C

## 综合练习六

**填空题**(指出下列账户的性质)

1~6 资产类 负债类 资产类 损益类 成本类 资产类

7~12 损益类 损益类 负债类 资产类 损益类 负债类

## 综合练习七

**填空题**

(一)1~5 增加 减少 减少 增加 增加  6~10 增加 减少 增加 增加 减少

(二)1~6 减少 减少 减少 增加 减少 增加  7~12 增加 减少 增加 减少 减少 减少

## 综合练习八

**填空题**(在借贷记账法下,指明下列各账户的记账方向)

1~7 借方 贷方 贷方 贷方 借方 贷方 贷方

8~14 贷方 贷方 贷方 贷方 借方 借方 借方

## 综合练习九

**分析题**(指出下列经济业务应记入的账户的名称)

1. 应记入“实收资本”账户和“银行存款”账户。

2. 应记入“固定资产”和“银行存款”账户。

3. 应记入“短期借款”和“银行存款”账户。

4. 应记入“银行存款”和“短期借款”账户。

5. 应记入“银行存款”账户和“财务费用”或“应付利息”账户。

6. 应计入“制造费用”账户和“累计折旧”账户。

7. 应计入“生产成本”账户和“原材料”账户。

8. 应计入“管理费用”账户和“库存现金”账户。

9. 应计入“银行存款”账户和“主营业务收入”账户。

10. 应计入“应收账款”账户和“主营业务收入”账户。

11. 应计入“其他应收款”账户和“库存现金”账户。

12. 应计入“原材料”账户和“银行存款”账户。

13. 应计入“银行存款”账户和“应付职工薪酬”账户。

14. 应计入“银行存款”账户和“应付账款”账户。

15. 应计入“银行存款”账户和“应收账款”账户

## 综合练习十

**一、名词解释题**(指出下列账户的性质)

1~6 损益类 资产类 所有者权益类 资产类 负债类 负债类

7~12 负债类 所有者权益类 损益类 资产类 损益类 负债类

**二、简答题**(指出下列经济业务应使用的账户名称)

1. 应记入“原材料”、“应交税费——应交增值税(进项税额)和“应付账款”账户。
2. 应记入“实收资本”和“银行存款”账户。
3. 应记入“固定资产”和“银行存款”账户。
4. 应记入“银行存款”和“短期借款”账户
5. 应记入“银行存款”和“应付利息”账户或“账务费用”账户
6. 应记入“银行存款”和“短期借款”账户
7. 应记入“银行存款”、“应交税费——应交增值税(进项税额)”和“原材料”账户。
8. 应记入“银行存款”和“库存现金”账户
9. 应记入“原材料”、“应交税费——应交增值税(进项税额)”、“银行存款”和“应付账款”账户。
10. 应记入“银行存款”和“库存现金”账户。

**三、填空题**(写出记账符号)

1~6 贷 借 借 贷 借 借

7~12 借 借 贷 借 借 借

13~18 贷 借 借 借 贷 贷

## 综合练习十一

**一、名词解释题**(在借贷记账法下,指出下列账户的性质)

1~7 资产类 损益类 成本类 所有者权益类 损益类 资产类 负债类

8~14 损益类 成本类 损益类 资产类 负债类 负债类 损益类

**二、填空题**(写出记账符号)

1~5 贷 贷 贷 借 贷　　6~10 借 借 借 贷 借

**三、编制会计分录**

某企业为增值税一般纳税企业,发生如下经济业务,编制会计分录:

1. 借:银行存款 9 000 000

　　贷:实收资本 9 000 000

2. 借:原材料 20 000

　　应交税费——应交增值税(进项税额) 3 400

　　贷:银行存款 23 400

3. 借：库存现金　　800

　　贷：银行存款　　800

4. 借：银行存款　　300 000

　　贷：短期借款　　300 000

5. 借：应收账款　　70 200

　　贷：主营业务收入　　60 000

　　　　应交税费——应交增值税（销项税额）　　10 200

6. 借：固定资产　　70 000

　　贷：银行存款　　70 000

7. 借：短期借款　　50 000

　　贷：银行存款　　50 000

8. 借：原材料　　10 000

　　应交税费——应交增值税（进项税额）　　1 700

　　贷：应付账款　　1 700

9. 借：银行存款　　58 500

　　贷：主营业务收入　　50 000

　　　　应交税费——应交增值税（销项税额）　　8 500

10. 借：财务费用　　850

　　贷：银行存款　　850

11. 借：银行存款　　80 000

　　应收账款　　37 000

　　贷：主营业务收入　　100 000

　　　　应交税费——应交增值税（销项税额）　　17 000

12. 借：银行存款　　600

　　贷：库存现金　　600

13. 借：原材料　　40 000

　　应交税费——应交增值税（进项税额）　　6 800

　　贷：银行存款　　20 000

　　　　应付账款　　26 800

## 综合练习十二

**编制会计分录**

某公司为增值税一般纳税企业，2012年发生如下部分经济业务：

1. 借：银行存款　　3 800 000

　　贷：实收资本　　3 800 000

2. 借：银行存款　　500 000

　　贷：短期借款　　500 000

3. 借:财务费用 1 250

　　贷:应付利息 1 250

4. 借:原材料 163 000

　　应交税费——应交增值税(进项税额) 27 200

　　贷:银行存款 150 000

　　　　应付账款 40 200

5. 借:原材料 27 000

　　应交税费——应交增值税(进项税额) 4 590

　　贷:银行存款 31 790

6. 借:生产成本 80 000

　　贷:原材料 80 000

7. 借:固定资产 324 500

　　应交税费——应交增值税(进项税额) 51 000

　　贷:银行存款 375 500

8. 借:短期借款 500 000

　　应付利息 7 500

　　贷:银行存款 507 500

9. 借:应付账款 40 200

　　贷:银行存款 40 200

10. 借:生产成本 15 000

　　制造费用 3 400

　　管理费用 1 200

　　贷:原材料 19 600

11. 借:制造费用 4 000

　　管理费用 2 000

　　贷:原材料 6 000

12. 借:预付账款 600

　　贷:库存现金 600

**二、单项选择题:**

1~3 D C B

## 综合练习十三

**编制会计分录**

某公司为增值税一般纳税企业,2012年10月发生的部分经济业务如下:

1. 借:原材料 121 000

　　应交税费——应交增值税(进项税额) 20 400

　　贷:银行存款 14 1400

2. 借:原材料　　71 3000

　应交税费——应交增值税(进项税额)　　119 000

　贷:应付账款　　832 000

3. 借:原材料　　40 000

　应交税费——应交增值税(进项税额)　　6 800

　贷:银行存款　　20 000

　　应付账款　　26 800

4. 借:银行存款　　900 000

　贷:短期借款　　900 000

5. 借:财务费用　　7 500

　贷:应付利息　　7 500

6. 借:短期借款　　900 000

　应付利息　　22 500

　贷:银行存款　　922 500

7. 借:固定资产　　620 100

　应交税费——应交增值税(进项税额)　　102 000

　贷:银行存款　　722 100

8. 借:应付账款　　83 200

　贷:银行存款　　320

9. 借:制造费用　　4 000

　管理费用　　2 000

　贷:累计折旧　　6 000

10. 借:预付账款　　1 200

　贷:银行存款　　1 200

11. 借:应付账款　　26 800

　贷:银行存款　　26 800

12. 借:库存现金　　60 000

　贷:银行存款　　60 000

13. 借:应付职工薪酬　　60 000

　贷:库存现金　　60 000

14. 借:生产成本　　40 000

　制造费用　　12 000

　管理费用　　8 000

　贷:应付职工薪酬　　60 000

## 综合练习十四

**编制会计分录**

某公司为增值税一般纳税企业,2012年发生的部分经济业务如下:

1. 借:银行存款　　3 800 000
　　贷:实收资本　　3 800 000
2. 借:银行存款　　300 000
　　贷:短期借款　　300 000
3. 借:财务费用　　750
　　贷:应付利息　　750
4. 借:原材料　　16 880
　　应交税费——应交增值税(进项税额)　　2 818.6
　　贷:银行存款　　15 000
　　　应付账款　　4 698.6
5. 借:原材料　　27 000
　　应交税费——应交增值税(进项税额)　　4 590
　　贷:银行存款　　31 590
6. 借:生产成本　　80 000
　　贷:原材料　　80 000
7. 借:固定资产　　344 500
　　应交税费——应交增值税(进项税额)　　51 000
　　贷:银行存款　　395 500
8. 借:短期借款　　300 000
　　应付利息　　4 500
　　贷:银行存款　　304 500
9. 借:应付账款　　4 698.6
　　贷:银行存款　　4 698.6
10. 借:生产成本　　15 000
　　制造费用　　3 400
　　管理费用　　1 200
　　贷:原材料　　19 600
11. 借:制造费用　　5 000
　　管理费用　　3 000
　　贷:累计折旧　　8 000
12. 借:预付账款　　1 200
　　贷:银行存款　　1 200
13. 借:库存现金　　50 000
　　贷:银行存款　　50 000
14. 借:应付职工薪酬　　50 000
　　贷:库存现金　　50 000
15. 借:生产成本　　35 000
　　制造费用　　10 000
　　管理费用　　5 000
　　贷:应付职工薪酬　　50 000

## 综合练习十五

**综合题**

某公司为增值税一般纳税企业,发生的部分经济业务如下:

1. 借:原材料　10 750
　　应交税费——应交增值税(进项税额)　1 700
　　贷:银行存款　10 000
　　　应付账款　2 450

2. 借:原材料　37 000
　　应交税费——应交增值税(进项税额)　6 290
　　贷:银行存款　43 290

3. 借:固定资产　122 000
　　应交税费——应交增值税(进项税额)　17 000
　　贷:银行存款　139 000

4. 借:应付账款　2 450
　　贷:银行存款　2 450

5. 借:生产成本　50 000
　　制造费用　2 000
　　管理费用　1 000
　　贷:原材料　53 000

6. 借:库存现金　29 800
　　贷:银行存款　29 800

7. 借:应付职工薪酬　29 800
　　贷:库存现金　29 800

8. 借:管理费用　800
　　制造费用　200
　　贷:银行存款　1 000

9. 借:预付账款　1 200
　　贷:银行存款　1 200

10. 借:制造费用　6 000
　　管理费用　3 000
　　贷:累计折旧　9 000

11. 借:生产成本　20 000
　　制造费用　1 000
　　管理费用　11 800
　　贷:应付职工薪酬　32 800

12. 借:制造费用 3 800
    管理费用 2 200
    贷:预付账款 6 000
13. 借:管理费用 1 000
    贷:预付账款 1 000
14. 借:生产成本 2 800
    制造费用 140
    管理费用 1 652
    贷:应付职工薪酬 4 592
15. 借:生产成本 13 140
    贷:制造费用 13 140

原材料

| | |
|---|---|
| 初:500 000 | |
| ① 10 750 | ⑤ 53 000 |
| ② 37 000 | |
| 末:494 750 | |

制造费用

| | |
|---|---|
| | ⑮ 13 140 |
| ⑤ 2 000 | |
| ⑧ 200 | |
| ⑩ 6 000 | |
| ⑪ 1 000 | |
| ⑫ 3 800 | |
| ⑭ 140 | |
| 末:平 | |

# 综合练习十六

**综合题**

1. 借:其他应收款 3 000
    贷:库存现金 3 000
2. 借:管理费用 800
    制造费用 200
    贷:银行存款 1 000
3. 借:管理费用 2 900
    库存现金 100
    贷:其他应收款 3 000

4. 借:生产成本　67 000
　制造费用　2 000
　管理费用　1 000
　贷:原材料　70 000

5. 借:生产成本　25 000
　制造费用　4 000
　管理费用　11 000
　贷:应付职工薪酬　40 000

6. 借:制造费用　8 000
　管理费用　4 000
　贷:累计折旧　12 000

7. 借:生产成本　14 200
　贷:制造费用　14 200

8. 借:库存商品　106 200
　贷:生产成本　106 200

生产成本

| | |
|---|---|
| ④ 67 000<br>⑤ 25 000<br>⑦ 14 200 | ⑧ 106 200 |
| 末:平 | |

制造费用

| | |
|---|---|
| ② 200<br>④ 2 000<br>⑤ 4 000<br>⑥ 8 000 | ⑦ 14 200 |
| 末:平 | |

## 综合练习十七

**一、单项选择题**

1~6　A　D　B　B　A　C

**二、多项选择题**

1~3　BCD　AB　ABD

# 综合练习十八

**一、连线题**

1. 计提累计折旧计入→3
2. 结转制造费用计入 →1
3. 分配职工工资计入 →10
4. 结转完工产品成本计入 →5
5. 结转已售产品成本计入→2
6. 计提借款利息计入 →9
7. 预付差旅费计入 →8
8. 支付财产保险费计入 →4
9. 销售产品的收入计入 →6
10. 销售产品的费用计入→7

1. "生产成本"借方
2. "库存商品"贷方
3. "累计折旧"贷方
4. "管理费用"借方
5. "库存商品"借方
6. "主营业务收入"贷方
7. "销售费用"借方
8. "其他应收款"借方
9. "应付利息"贷方
10. "应付职工薪酬"贷方

**二、单项选择题**

1~5 B B C D A

6~10 B A C A B

# 综合练习十九

**不定项选择题**

1~5 C B C D AB

6~10 AB BCD ABC AB BC

11~15 C BC ABC B C

# 综合练习二十

**不定项选择题**

1~5 D A A B D

6~10 AC BD ABCD AB D

# 综合练习二十一

**一、不定项选择题**

1~5 C A B B A

6~11 AB A C C ACD B

二、

| 项目 | 日记账 | 项目 | 对账单 |
|---|---|---|---|
| 调节前余额 | 351 850 | 调节前余额 | 374 850 |
| 调减 | 9 000 | 调增 | 45 000 |
| 调减 | 1 000 | 调减 | 78 000 |
| | | | |
| 调节后余额 | 341 850 | 调节后余额 | 341 850 |

# 综合练习二十二

**不定项选择题**

1~6 C ABD ABC D C AB

# 参考文献

[1]财政部会计司编写组.《企业会计准则——应用指南》[S].

[2]财政部会计司编写组.《企业会计准则解析》[S].

[3]财政部会计司编写组.《小企业会计准则》[S].

[4]全国会计专业技术资格考试辅导教材《初级会计实务》[M].北京:中国财政经济出版社.